Reconoci

"Dentro de este libro, que es un cofre del tesoro, yace una rica historia esotérica de todo lo que ocurrió en la serie. ¡Se pinta un cuadro sobre lo realmente impresionante que es *Dragon Ball*!"

– Reseña de Amazon.com

"Como fan, no te decepcionará. Es una visión asombrosa de la famosa historia de Gokū y las Bolas de Dragón. Si quieres aprender más sobre el origen de la historia y su autor, Akira Toriyama, entonces te sorprenderá todo lo que encontrarás en este libro. ¡Compraré, sin lugar a dudas, el volumen 2!"

– Reseña de Amazon.com

"Derek Padula ofrece a los fans un trabajo serio y detallado de investigación sobre la serie y la cultura que la inspiró. ¡Una lectura obligada!"

– Reseña de Google Play

"Cualquier fan de *Dragon Ball* que se precie debe leer los libros de Derek Padula, son increíbles."

– Reseña de Google Play

Dragon Ball Cultura

Volumen 1

ORIGEN

Derek Padula

thedaoofdragonball.com

Catálogo de publicación

Padula, Derek.

Dragon Ball Cultura Volumen 1: Origen / Derek Padula

Incluye referencia bibliográfica e índice.

ebook ISBN: 978-1-943149-26-1, libro de bolsillo ISBN: 978-1-943149-39-1, tapa dura ISBN: 978-1-943149-42-1

1. Cómics fantásticos, historietas, etc. – Japón – Siglo XX – Crítica e historia. 2. Artes marciales – Cómics, historietas, etc. 3. Vida espiritual – Budismo 4- Vida espiritual – Daoísmo- 5- El Bien y el Mal. 6. Guerras y batallas ficticias. 7. Ética, antigüedad. 8. Héroes.

PN6790.J33 – P2 2014

741.5952 – 23

LCCN: 2018903363

Marca registrada

Todos los nombres con marca registrada en este libro se muestran en calidad editorial y en beneficio de su propietario original, sin la intención de infringir dicha marca registrada.

Información de licencia

Dragon Ball, Dragon Ball Z, Dragon Ball GT, Dragon Ball Kai, Dragon Ball Online, y todos los demás logos, nombres de personajes y similares, son marcas registradas por TOEI ANIMATION, Akira Toriyama, BIRD STUDIO, SHUEISHA, FUNIMATION, VIZ MEDIA, NAMCO BANDAI, ATARI y el resto de licencias involucradas que no hayan sido mencionadas. Este libro no fue preparado, licenciado o respaldado por ninguna entidad interesada en crear o producir la serie de Dragon Ball. Es un trabajo independiente y no oficial que no alberga ninguna conexión con la licencia oficial y está escrito en base a unas pautas legales.

Información de imágenes

Las imágenes de este libro o la cubierta están representadas en el estilo Dragon Ball de la obra original, creadas mediante el contrato de artistas independientes ajenos a la licencia oficial de Dragon Ball. No son imágenes licenciadas, ni obras oficiales que pertenezcan a licenciatarios de Dragon Ball. Todos los derechos de las imágenes son propiedad de Derek Padula, y no deberán ser reproducidas sin su consentimiento expreso y escrito. Los licenciatarios de Dragon Ball en los Estados Unidos (FUNIMATION y VIZ MEDIA) reconocen estas imágenes como trabajos independientes y exclusivos, y por tanto no reclaman su propiedad, ni tampoco que infrinjan de ningún modo su licencia oficial.

Traducción por Antonio Sánchez-Migallón Jiménez
Ilustración de la portada por Javier Secano
Índice por Mary Harper y Derek Padula
Versión 1.0
Web: https://thedaoofdragonball.com

Contenido

Índice

Agradecimientos

Gracias por leer *Dragon Ball Cultura*.

Estoy agradecido a Akira Toriyama, el creador del *anime* y el *manga* más grande del mundo. ¡Gracias por trabajar tan duro!

Se han requerido 12 años de esfuerzo para escribir este libro. Gracias a mis padres, mi familia y mis amigos por apoyarme.

Gracias a mis profesores de Western Michigan University por proporcionarme los conocimientos de la cultura china y japonesa, así como su historia y su lengua, haciendo este libro posible. Entre ellos destacaría a Dr. Timothy Light, Dr. Stephen Covell, Dr. Wáng Xiǎojūn, Dr. Jeffrey Angles, Dr. Gregory Veeck y toda la facultad de WMU perteneciente al Departamento de Religión Comparada y al Departamento de Literatura y Lengua Universal.

Gracias a mis instructores de artes marciales y meditación, incluyendo a Sifu Sam Chan de Chan Kung Fu en Grand Rapids (Michigan), Shīfu Shì Yángāo en Běijīng (Pekín, China), y Shīfu Lǐ Hóngzhì de Fǎlún Dàfǎ. El conocimiento que encontrarás en este libro es el resultado de mis experiencias bajo su tutela.

Agradecimientos especiales al personal y al foro de *kanzenshuu.com* por su dedicación con *Dragon Ball*. Casi todas las citas traducidas de las entrevistas de Akira Toriyama, los comentarios de introducción en el manga de *Dragon Ball* y las guías a las que hago referencia proceden de dicha página. Este libro sería un producto menor sin sus esfuerzos. Gracias en particular a Julian "SaiyaJedi" Grybowski, por responder a mis preguntas y ayudarme con la dura tarea de encontrar información sobre el pasado de Toriyama.

Gracias a Sunny Mann por ayudarme con la escritura, haciendo que este libro suba de nivel.

¡Finalmente, agradecer el apoyo de todos mis seguidores!

Y a los fans de *Dragon Ball* de todo el mundo les digo:

¡¡DRAGON BALL POR SIEMPRE!!

Introducción

Contemplar Dragon Ball con nuevos ojos. Este libro es tu guía cultural de *Dragon Ball*, la serie *anime* y *manga* más reconocida del mundo.[1]

Dragon Ball cuenta la historia de un joven artista marcial llamado Son Gokū, el cual emprende un viaje para incrementar su poder. Escrito e ilustrado por Akira Toriyama, desde 1984 hasta 1995, *Dragon Ball* es un cómic que pretende entretenerte e inspirarte mediante el viaje de Son Gokū a través de su vida. Es una de las obras que mejor se han vendido de todos los tiempos, superando los 230 millones de tomos *manga* en Japón y llegando a más de 40 países.[2] Alberga una cantidad de fans infinita, entre los que me incluyo.

Este libro se zambulle en el núcleo que hace a *Dragon Ball* tan especial, mostrándote por qué te encanta (o enseñándote a amarlo). Obtendrás una mejor comprensión de los antiguos utensilios culturales y de las técnicas narrativas que Toriyama utilizó durante la creación de *Dragon Ball*. Simplificó estas ideas hasta el punto en el que cualquiera pudiera aceptarlas, pero nunca se han explicado hasta ahora, momento en el que exploraremos su mente.

---

1   *Dragon Ball* es el *anime* y el *manga* más reconocido del mundo, según un informe mundial publicado, el 7 de agosto de 2012, por Orikon Kabushiki-gaisha (オリコン株式会社, Oricon Co., Ltd., fundado en 1999). *http://www.oricon.co.jp/special/145/#rk*

2   *Dragon Ball* ha vendido más de 230 millones de tomos *manga* en Japón: *http://db30th.com/into/into01.html*. Si se incluyeran las ventas más allá de Japón, el total superaría los 300 millones de volúmenes: *http://comipress.com/article/2008/12/31/3733*

Si estás disfrutando *Dragon Ball* por primera vez, entonces bienvenido a una a de las historias más encantadoras, influyentes y colosales jamás contadas.

Si eres un veterano de *Dragon Ball* que se ha leído cada capítulo del *manga*, visto todos los episodios del *anime* o todas las películas, si has jugado a cada uno de los videojuegos y llevas puesta una camiseta de *Dragon Ball* mientras estás leyendo esto, entonces quizás pensarás que ya has desentrañado la obra, pero no es el caso. Olvida todo lo que crees saber. Te haré replantearte tus nociones establecidas, te desmenuzaré la desinformación que algunos fans o versiones localizadas de la obra te han inculcado y te mostraré la verdadera cultura de *Dragon Ball*.

Dragon Ball y la cultura

Dragon Ball es el *anime* y *manga* con mayor riqueza cultural del mundo, y cuando termines este libro tendrás la prueba en cada página. Hay tanta cultura incrustada en *Dragon Ball* que podrías indagar en ella durante años y aún encontrarías algo fresco. Lo sé porque llevo 12 años escribiendo esta obra y aún tengo más cosas que decir.

Dragon Ball es un testimonio moderno de una tradición cultural, pero a su vez, un testimonio tradicional de una cultura moderna. Es una obra que combina las artes marciales del Este Asiático y los poderes extrasensoriales con la tecnología occidental y la ciencia ficción, como máquinas del tiempo, robots o coches voladores. Esta mezcla de Oriente y Occidente crea un ecosistema que permite a los dioses y alienígenas entremezclarse mientras viajamos por escenarios chinos, llenos de maestros inmortales de artes marciales y cíborgs. Es un lugar sobrenatural donde los dinosaurios caminan entre los humanos, y un lugar mundano donde la gente compra en centros comerciales, trabaja en edificios de oficinas y se sacan el carnet de conducir. El mundo de *Dragon Ball* representa una versión fantástica del mundo globalizado de hoy en día, mezclado con elementos narrativos clásicos, haciéndolo comprensible a la par que místico. Es una fusión *manga* de culturas entrelazadas que tienen una atracción global.

Aunque como fan de *Dragon Ball*, puede que no comprendas por completo la cultura de la que se deriva la serie. Esto se debe a que Toriyama se esfuerza en contar una historia que sea "fácil de comprender", pero al hacerlo, crea una historia que es difícil de explicar.

Aquí revelaré algo antiguo dentro de algo nuevo. Te aportaré el contexto para contemplar lo que crees saber con una nueva luz, la cual casualmente es una luz antigua. La ideología esotérica de *Dragon Ball* se hará pública por primera vez.

Cultura mediante la acción

Akira Toriyama es un maestro de la narración porque deja que su acción hable. La acción de Son Gokū o los villanos desemboca en más acción, con un mínimo diálogo que los unifique. La ausencia de descripción es la razón por la que la obra parece simple o fácil de leer y ver, pero el pegamento contextual que hay detrás de estas acciones se remonta a miles de años atrás.

Las creencias tradicionales y los valores de *Dragon Ball* están basados en un marco budista y taoísta inspirado en *Viaje al Oeste*, una novela china del siglo XVI. Esta historia de aventuras popularizó las antiguas leyendas y los conceptos religiosos dentro de China. Posteriormente, la novela y sus sistemas de creencia viajaron desde China hasta Japón. Finalmente, en los años 80, Toriyama incorporó su cultura tradicional al trabajo moderno del *manga*, introduciendo estos elementos a las masas mediante el humor y combates orientados a la acción. Escribiendo su obra para chicos de 12 años y focalizándose en la acción, Toriyama allanó el camino de entrada e hizo la cultura accesible para todo el mundo, con un nivel más simplificado, promovido por los medios de comunicación y los canales de distribución.

Ilustró su cultura de manera menos religiosa y más marcial. Por ejemplo, en lugar de utilizar a los mismos personajes existentes en la historia, alteraba sus apariencias, convirtiéndolos en artistas marciales, proporcionándoles un símbolo o encomendándoles una acción que reflejara su rol original.

Lo que permanece solo se aprecia en la superficie o a través de sus hazañas, pero apunta a un origen antiguo. Utilizando la acción en lugar de la doctrina, crea una obra que es aceptable para todos, sin ofender a nadie. Al ser tan aceptada, planta semillas culturales en la mente de millones de jóvenes impresionables, que observan las hojas del árbol pero no examinan sus raíces, de las cuales todo aflora. ¿Cuántos fans de *Dragon Ball* comprenden el simbolismo que hay en sus acciones, cuando se ponen a imitar los aumentos de poder o se lanzan rayos de energía imaginarios entre sí? Para ellos es simplemente divertido, místico e inspirador, pero hay mucho más. *Dragon Ball* no solo está formado por puñetazos y gritos, sino también por corazón, un gran desarrollo de personajes y todo lo que ello significa para ti.

Los símbolos y los ojos para ver

Dragon Ball habla a la humanidad a través de los símbolos. Los símbolos son letras, gráficos, notas y pistas que contienen significado. *Dragon Ball* está lleno de ellos, desde los caracteres japoneses del uniforme de artes marciales de

Gokū hasta su nube mágica o las propias bolas de dragón.

Solo aquellos sin los ojos adecuados para contemplar la belleza se lo perderán, aquellos sin el conocimiento para descifrar los símbolos se quedarán sin su mensaje. Una vez que hayas aprendido a percibir estos símbolos podrás ver la belleza que hay en *Dragon Ball* y llevártela contigo. Reconocerás las múltiples capas de profundidad de su historia y apreciarás su humor.

La mayoría de los símbolos de *Dragon Ball* provienen de la cultura del Este Asiático. Para comprenderlos mejor, me he pasado más de 16 años transitando el camino que me inspiró *Dragon Ball*. Esto incluye entrenamientos con monjes Shàolín y maestros de espada *tàijí* en China, la meditación Fǎlún Dàfǎ, convertirme en un académico de los 5.000 años de historia del Este Asiático, estudiar chino y japonés, arte y religiones, además de la cultura popular de Occidente.

Dragon Ball es una fusión de estos elementos, así que para entender la obra por completo sentí que tenía que aprender todo lo que debía saber. Y tengo que decirte que ha sido difícil de conseguir. Tienes suerte de no tener que hacerlo desde cero. Tan solo leyendo este libro te convertirás en un experto de la simbología de *Dragon Ball*, despertando tus ojos para contemplar un significado más profundo.

Significado y arte

Toriyama puede que creara *Dragon Ball* como un *manga* (漫画, "cómic") de humor que después se adaptó al *anime* (アニメ, "animación"), pero creció como una obra de arte llena de significado.

Es correcto asociar la cultura de la televisión y el cómic al arte significativo, si despierta el alma de su receptor. *Dragon Ball* tiene un poder que podemos encontrar en los grandes cuadros y esculturas. Cuenta una historia atemporal mediante lo nuevo y lo viejo, lo tradicional y lo moderno, con un aspecto simple pero profundo al mismo tiempo. Es un registro vibrante de una era.

Conforme la serie y los personajes que hay en ella maduran, tú lo haces con ellos. Se convierte en parte de tu vida porque la obra está plagada de una cultura que llevas aceptando durante décadas, desde la juventud hasta tu temprana madurez. Cada vez que te adentras en la serie se convierte en algo más atado a tu identidad, dando forma a tu cosmovisión. Las raíces brotan dentro de ti y se altera tu percepción, mientras heredas su espíritu. Quizás no te hayas dado cuenta, pero alcanzarás a comprender lo que quiero decir cuando nuestra historia se despliegue.

Dragon Ball es arte, pero es un arte que Toriyama te deja interpretar. Algunos fans piensan que *Dragon Ball* no es más que un cómic de acción y aventuras con peleas, gritos, grandes músculos y explosiones. Otros sienten que es una emocionante historia épica que les inspira para superar la adversidad, resistir y creer en su potencial oculto. La percepción lo es todo.

Para cambiar tu percepción, tienes que familiarizarte con el significado de la obra de Toriyama, solo entonces te darás cuenta de por qué la serie es tan popular.

Este libro representa mi esfuerzo por interpretar y explicar el significado de *Dragon Ball*. No es un libro de cultura general. Es un volumen de cultura y verdad. Aunque puede que haya fans de *Dragon Ball* que aseguran tener ya una noción de la serie, inamovible, te mostraré cómo disfrutarla a un nivel más profundo. Tu percepción de la obra incrementará su riqueza. A cambio, obtendrás una mejor comprensión, no solo de la cultura que desembocó en su creación, sino también de tu propio ser.

Dragon Ball trae alegría

Cada generación que experimenta *Dragon Ball* siente una alegría interior. Toriyama dejó de publicar el *manga* de *Dragon Ball* en 1995, pero incluso hasta hoy en día los fans ansían más. No quieren que termine porque significaría el final de la conexión con su infancia, las raíces culturales que disfrutaron cada día con Son Gokū y sus amigos. Quieren sentir esa sensación de honesta emoción, de aventura, la intensidad que *Dragon Ball* emana dentro de sus almas de dragón.

Por tanto, siempre habrá seguidores que terminen la serie y pregunten: "¿Y ahora qué?"

El verdadero viaje acaba de empezar. Estás a punto de ver *Dragon Ball* con nuevos ojos.

***

Acompáñame al portal de *Dragon Ball Cultura*.

Enfoque

DRAGON BALL es una obra masiva. Consta de 519 capítulos *manga*, 508 episodios *anime*, aparte de las películas, videojuegos y contenido adicional que se continúa produciendo.

¿Cómo enfocar un tema tan abrumador?

Estructura

Dragon Ball Cultura consta de 7 volúmenes que exploran los 194 capítulos del *manga* de *Dragon Ball*, seleccionándose también contenido de los 153 episodios del *anime*. Todo esto incluiría los episodios de relleno que encontramos entre algunos capítulos del *manga*, concluyendo con las cuatro películas de *Dragon Ball*.

No se explora la parte *"Dragon Ball Z"* de la serie, que abarca desde el capítulo 195 hasta el 519, pero los mencionaré en ocasiones. ¿Por qué he puesto el título entre comillas? Porque el *manga* de Akira Toriyama solo llevó el nombre de *Dragon Ball* de principio a fin. Fueron los encargados del *anime* en Japón los que cambiaron el título de la adaptación tras el capítulo 194 del *manga*, bautizándose como *"Dragon Ball Z"* por motivos de marketing. En la obra original de Akira Toriyama no existe dicha división.

¿Si *"Dragon Ball Z"* es la parte más popular de la obra por qué no escribir primero sobre ella? *Dragon Ball* es una aventura de artes marciales que sigue unos principios básicos y unos cimientos sólidos. Esto se debe a que Akira Toriyama se apoya en los conocimientos básicos durante su trabajo, como producto de una cosmovisión japonesa tradicional. Los conceptos que se establecen en los primeros 194 capítulos del *manga* de *Dragon Ball* crean unos cimientos sobre los que se construye el resto de la franquicia. Todo empieza aquí. Si quieres comprender *"Dragon Ball Z"* y las películas, los videojuegos y otros trabajos oficiales, debes comenzar con los conocimientos originales de *Dragon Ball*.

El volumen 1 de *Dragon Ball Cultura* revela el origen de *Dragon Ball*. Aquí aprenderás más sobre la vida de Akira Toriyama y descubrirás cómo y por qué él creó una obra que cambió el mundo. Esta es la primera gran biografía de Akira Toriyama publicada en español. Ningún fan de *Dragon Ball* se ha topado con algo así, la pieza que te faltaba para comprender la serie por completo. Siento que la historia de Toriyama es tan interesante como la de Gokū. Después de todo, sin Toriyama, Gokū no existiría.

Desde el volumen 2 hasta el tomo 7 de *Dragon Ball Cultura* se explorará la historia de Gokū, la cual se organizará en 3 partes que reflejan la estructura original de los primeros 16 *tankōbon* (単行本, "tomos independientes") del *manga*.

Un *tankōbon* es una colección correlativa de *manga* serializado. Cada tomo contiene unos 12 capítulos, comenzando por el primero en adelante.

Esto significaría que los volúmenes 2 y 3 de *Dragon Ball Cultura* explorarán la primera parte de la historia de Gokū (*tankōbon* 1 a 4). Posteriormente, el volumen 4 se centrará en la parte 2 (*tankōbon* 5 a 9). Después, los volúmenes 5 y 6 desentrañarán la parte 3 (*tankōbon* 9 a 16). Por último, el volumen 7 abordará el *anime*.

Caminaremos juntos a través del viaje de Gokū, desde la primera página hasta la última.

Proceso

Te recomiendo disfrutar del *manga* o el *anime* de *Dragon Ball* mientras estás leyendo un capítulo de *Dragon Ball Cultura*, y repetir este proceso sucesivamente, hasta que termines la serie junto al libro.

Fuente

¿Qué es lo genuino de *Dragon Ball*? ¿Es solo el *manga* japonés o también se incluyen el *anime*, las películas, los juegos, los juguetes, los *spin-offs*, las versiones localizadas u otro *merchandising*? Desde que Toriyama escribió el *manga*, que no el *anime*, hay debates interminables entre los fans sobre qué partes de la serie son canónicas y cuál es el verdadero "canon."

Canónico es un término que hace referencia a la versión oficial de algo. Por ejemplo, las escrituras canónicas de una religión son aquellas transcritas en su lengua original durante (o cerca) de la época en la que las enseñanzas surgieron. Las versiones posteriores son abstracciones de la fuente original, con diferentes interpretaciones o traducciones que añaden más capas de abstracción. Así que si quieres recibir las enseñanzas originales, tienes que zambullirte en la fuente.

Dragon Ball es una obra extensa en la que se han añadido otros escritos y se ha adaptado a diferentes formas. Como continúa expandiéndose y añadiéndose nuevos *spin-offs*, acabamos teniendo un problema: no existe una autoridad que defina lo que es y no es canon.

Como consecuencia, el canon es un tema sensible. Algunos seguidores incluyen las adaptaciones *anime*, mientras que otros se decantan por las películas, los juegos, el *mer-*

chandising y los trabajos de los fans. Concretamente, sus versiones localizadas del *anime* son su única experiencia con la obra, por lo que se convierte en su norma. Por si esto fuera poco, Toriyama ha realizado diseños de personajes para las películas y los *spin-offs*, pero su grado de implicación varía o no está del todo claro.

El canon es un asunto complejo, pero sin duda el *manga* es el modelo a seguir definitivo, dado que lo ha creado el propio autor. Por eso utilizo el *manga* original japonés como mi referencia. Vuelvo a la fuente para traeros el auténtico *Dragon Ball*.

Dicho esto, no estoy aquí para discutir sobre lo que es canon y lo que no. Mi meta es focalizarme en lo que es importante para ti, que es el contenido que hace a la serie más rica e interesante. Por ello también incluiré el *anime* japonés cuando sea necesario, completando así la información o añadiendo más conocimientos. Y lo haré de esta manera porque si encontramos en él contenido significativo sobre la historia, la carga cultural o un tema popular interesante, entonces me veo en la obligación de explicarlo.

No importa cómo prefieras disfrutar de *Dragon Ball*, contemplando el contenido original reforzarás tu experiencia.

Identidad

Algunos fans de *Dragon Ball* no saben que la serie proviene de Japón. Tan solo ven el *anime* en su lengua materna y nunca se paran a pensar en su origen.

Esto es común en los fans de los Estados Unidos, que crecieron viendo la versión censurada del doblaje de FUNimation junto a otros dibujos occidentales, con cambios en el guión, adición de referencias a la cultura americana (con palabras como *cowboys* o *surfers*) y chistes que nunca se dieron en el original.

Otro caso de identidad errónea es pensar que *Dragon Ball* es chino porque alberga mucha cultura china.

Pese a todo esto, lo cierto es que *Dragon Ball* es fruto de un joven japonés que vive en el Japón justo posterior a la Segunda Guerra Mundial. Él mismo es un producto de un entorno multicultural.

Lengua

Si quieres comprender una cultura, primero debes aprender su lengua. Esta es la razón por la que utilizo términos japoneses para cada aspecto de la serie, desde los personajes hasta las técnicas y mucho más.

Comprendo que esto pueda ser raro al principio porque son conceptos extranjeros. Así es como se siente todo el mundo cuando están aprendiendo algo nuevo por primera vez. Sin embargo, es beneficioso porque aprenderás más sobre un idioma y una cultura extranjera, a través de un vehículo que ya conoces. Esto lo hace fácil y divertido.

Cuando escribí y publiqué mi primer libro, *Dragon Ball Z "It's Over 9,000!" Cosmovisiones en colisión* (2012), pretendía que fuera leído por el público americano. Por eso hice uso de los nombres de los personajes del doblaje inglés de FUNimation, como Krilín y Vegeta. Nunca imaginé que se convertiría en un éxito para los lectores de Brasil, Japón, Nueva Zelanda, Alemania, Rusia, España, Reino Unido y Sudáfrica. Ahora que sé que escribo para una audiencia internacional, tengo que hacer ajustes para atraer a un sector demográfico más amplio. La forma en la que lo haré será volviendo a la lengua de la fuente original, en lugar de nutrirme de una versión localizada que pueda dejar fuera a parte del público. Como dice el refrán: *Lo que es Yamcha para uno, es Jamsza para otro.*

Otra razón para utilizar el japonés radica en que los doblajes localizados alteran el guión original nipón, incluyendo los nombres de los personajes, los emplazamientos y las técnicas de artes marciales. O peor aún, censuran por completo el contenido.

Me disgusta la censura y siento que es una falta de respeto al propósito original del artista. Este libro se mantiene fiel a la intención de Toriyama, por lo que verás cosas que hasta ahora desconocías. El hecho de que el contenido cultural se haya eliminado o quedado vacío con los doblajes es una de las razones por la que este libro necesitaba ser escrito. Si eres un fan del doblaje despertará tu curiosidad para ver el *anime* subtitulado en japonés y comprobar lo que te habías estado perdiendo.

Quizás te inspire para aprender japonés y así disfrutar de la serie como Toriyama había planeado. El esfuerzo merecerá la pena, porque si comparas la versión japonesa con tu versión localizada, comprobarás que hay cambios a todos los niveles, y a veces el contenido más básico es el único que permanece intacto, para mantener el devenir de la historia. Las elecciones léxicas sutiles, los acentos y las diferencias en la personalidad de los personajes se pierden con la traducción. Es como si solo escucharas una señal de audio de alcance medio, perdiéndote lo que hay por encima y por debajo del sonido. Si quieres el espectro completo, tienes que beber de la fuente.

Por supuesto, crecí escuchando el doblaje americano, y este libro no existiría sin ello. No estoy para decirte qué versión de *Dragon Ball* es la mejor, y no voy a comentar las innumerables alteraciones que sufrieron algunas versiones. Hay demasiadas, y si lo hiciera en cada capítulo parecería despectivo. Dejaré que los ejemplos traducidos del japonés hablen por sí mismos. *Dragon Ball* es una serie increíble, sin importar el idioma que tú prefieras.

Traducción

Traducir *Dragon Ball* es difícil. Experimenté, durante el proceso de escritura, los mismos retos a los que se enfrentaron los editores de las versiones localizadas. Os contaré ahora cómo los afronté.

El principal problema radica en el vocabulario de *Dragon Ball*, compuesto por tres idiomas diferentes: japonés, inglés y chino. Sería simple si no se superpusieran, pero no es el caso. Tenemos términos en japonés, algunos de ellos inventados, conceptos en inglés, otros términos ingleses con aproximación al japonés, palabras compuestas por inglés y japonés, terminología china, a veces traducida al japonés de hace milenios y conceptos chinos traducidos al japonés moderno. Además, muchos términos japoneses y chinos derivan del sánscrito del este de la India.

Todos estos conceptos son esenciales para comprender el contenido cultural de *Dragon Ball*, y serán definidos y explicados cada vez que sean presentados. Al final del libro, habrás desarrollado cierta fluidez con la terminología canónica de la obra.

Para comprender las palabras han de estar escritas en el idioma que hablas. Así, los términos japoneses de este libro estarán en *rōmaji* (ローマ字, "japonés romanizado") y no en un equivalente localizado. Por ejemplo, el nombre de Krilín, localizado en el inglés de los Estados Unidos como Krillin, se escribirá en este libro Kuririn (クリリン, pronunciado 'Ku-ri-rin'), al ser la pronunciación romanizada de la escritura de Akira Toriyama en japonés. Igualmente, los términos chinos los vas a encontrar en el equivalente *pīnyīn* (拼音, "sonido deletreado"). Así que cada vez que presente un nuevo término, te mostraré primero la versión del alfabeto romano, y después, la lengua original. Esto facilitará tu aprendizaje conforme vayas leyendo.

Cuando use un término que no esté en español, pondré primero el equivalente romanizado, seguido del original y su traducción. Por ejemplo, Papaiya-*shima* (パパイヤ島, "Isla Papaya"). La forma académica de presentarlo sería パパイヤ島 (Papaiya-*shima*, "Isla Papaya"), pero me parece una tontería. Si no hablas esa lengua, ¿para qué mostrarla en primer lugar?

Quizás escuches el nombre original de los personajes por primera vez. Toriyama pone nombres llenos de significado a sus personajes, así que cambiárselos implicaría modificar su identidad. Si localizara sus nombres, sería perjudicial para ti porque te privaría de la inmersión total de la cultura de la que emerge la obra de Toriyama.

Sin embargo, esto ocasiona un problema. ¿Se debería hacer una excepción para la "L" o la "R" japonesa, dado que dichas letras no existen en el alfabeto japonés? Decidí que era todo o nada. Si hacía una excepción con un personaje, como por ejemplo escribiendo Bulma en lugar del nombre original, Buruma (ブルマ), ¿por qué no hacerlo con algún otro? En ocasiones, Toriyama escribe el nombre de sus personajes en alfabeto latino, tal y como vemos en sus ropas, pero es algo puntual comparado con las veces que otros personajes dicen sus nombres en japonés. Si hiciera dichas excepciones, sería muy confuso.

La misma lógica se aplicaría a los términos en inglés que Toriyama aproxima a su japonés. No he optado por los términos en inglés porque no fue así cómo Toriyama los escribió, y además se perderían varias ideas con la traducción si localizara los términos. Se podrían hacer docenas de excepciones, ¿pero qué derecho tengo yo para hacerlas? ¿Y por qué hacer una excepción con un término y no con otro? Para solucionar este problema, apostaré al 100% por el japonés.

Quizás tengas dificultades pronunciando términos extranjeros, por lo que tendrás una guía de pronunciación al comienzo del libro. Cuando tengas problemas a la hora de pronunciar un término que aparezca por primera vez, te pondré la pronunciación adecuada junto a él. Intenta pronunciar cada palabra lo mejor que puedas, aunque lo puedes hacer como quieras. Lo que importa es que te lo pases bien con esta aventura y aprendas por el camino.

Resumen

Cada página de *Dragon Ball* alberga cultura, por lo que tendría que resumir el contenido narrativo que hay en medio del cultural. Sin embargo, no me gusta hacer eso. Respeto tanto la serie que me niego a plagiarla, así que intentaré resumir lo mínimo posible para llegar a la curiosidad cultural, escribiendo con todo el respeto al trabajo de Toriyama, a los propietarios del copyright y a los licenciatarios. El objetivo es añadir valor a la obra original.

Este libro no reemplaza al *manga* o al *anime*. Creo que el uso de este contenido se ajusta a unas pautas académicas limpias, con la educación y la crítica literaria como objetos. En todo caso, el libro te animará a comprar los productos oficiales, así que hazte con ellos.

Imágenes

Dragon Ball Cultura no dispone de imágenes licenciadas. Me encantaría, pero no tengo los derechos del trabajo de Toriyama y las licencias son caras y complejas. Si este libro se vendiera bien, quizás me podría permitir incluirlas. Afortunadamente, *Dragon Ball* es una obra ilustrada que siempre puedes consultar.

Progresión

Dragon Ball es el testimonio cronológico de la vida de Akira Toriyama. Con la escritura de cada capítulo, Toriyama ofrecía un comentario al principio del mismo, arrojando luz a su mentalidad en la época de la publicación. También fue entrevistado durante el transcurso de la serie. He combinado de manera lineal sus comentarios con sus entrevistas, para que sientas la progresión de Toriyama a lo largo de la serie, como si se estuviera publicando ahora mismo. Te pondrás en la piel de Toriyama y transitarás su mismo camino.

Sus comentarios son un regalo porque me dieron la posibilidad de investigar su fuente de inspiración para cada capítulo. Reviví sus experiencias viendo las mismas películas, series de TV y otros eventos vitales a los que hacía referencia.

Hay ejemplos donde vemos que algún personaje se parece a cierto actor de alguna película, la cual se estrenó la misma semana que Toriyama escribía el capítulo en el que aparecía. También veremos cómo Gokū realiza una técnica de artes marciales utilizada en una película de *gōngfu* (功夫, "kung fu") un año antes. Lo mismo pasará con los diseños de los ropajes, los entornos y los escenarios. Hay cientos de ejemplos, y ha requerido un gran esfuerzo encajar todas estas piezas de manera cronológica a lo largo de la serie.

Evolución

Hay mucho que no se ha explicado de *Dragon Ball*, pero lo expondré lo mejor que pueda. He investigado sobre cada aspecto de la obra, su creador, su cultura, intentando resolver los misterios sobre los que los fans se llevan preguntando, pero es un proyecto en constante evolución.

Esto implica dar con hipótesis fundamentadas y teorías formales con la poca información disponible. Tengo que ser valiente, salir al escenario y hacer conjeturas. Cada vez que lo haga durante el libro, utilizaré expresiones como "yo creo que" o "sospecho que", aportando un porqué racional. Sí, quizás me equivoque y todo el mundo lo vea, pero las teorías incorrectas se filtrarán con el peso de las correctas. Esto es lo que implica ser atrevido y hacer algo nuevo.

También implica que este libro nunca pueda ser perfecto. La información perfecta es imposible porque el conocimiento es infinito y nuestro tiempo, finito. Lo he hecho lo mejor que he podido en el tiempo que tenía.

Nunca ha existido un libro como este que enriquezca la comprensión colectiva de los fans de *Dragon Ball* por todo el mundo. ¡Como si fuéramos un solo ser, dejemos que nuestra alma dragón se alce más alto que nunca!

Guía de pronunciación

Akira Toriyama es un maestro de la escritura que juega con la pronunciación de las palabras, los nombres y los lugares. Esto es parte del encanto de *Dragon Ball* y una razón por la que te presento el contenido en su forma original.

Sin embargo, hay términos extranjeros que quizás no sepas cómo pronunciar porque Toriyama los adopta del chino, del sánscrito y del inglés, fusionándolos con su japonés nativo. Esta guía de pronunciación te aportará el conocimiento lingüístico básico para mejorar tu apreciación de *Dragon Ball*.

La lengua china

Los chinos creen que se les otorga la cultura de manera divina, y por tanto, es semi-divina. Las leyendas chinas cuentan que el chino ha sido legado por los dioses, de ahí que utilicen el *hànzì* (漢字, pronunciado 'han-su,' "caracteres Hàn") en su idioma.[1] El *hànzì* se compone de ideogramas, esto es, caracteres que ilustran una imagen o albergan significado. Cada combinación de estos símbolos tiene un significado diferente, existiendo miles de posibilidades.

Por ejemplo, la palabra *dà* (大, "grande"), como apreciáis en su grafía, refleja a un hombre que está estirando sus brazos y piernas hacia un lado. Algunos *hànzì* han cambiado

---

1   Los chinos llaman a su lengua escrita *hànzì* (漢字, "caracteres Hàn") y a sí mismos *hànrén* (漢人, "gente Hàn"). Ambos términos se refieren a la dinastía Hàn (漢朝, Hàn-*cháo*, "dinastía del lecho seco", 206 A.C. – 220 D.C.), una etapa dorada de la civilización china.

tras miles de años de uso, así que no siempre mantienen el significado original, aunque otros sí que se acercan. Por ejemplo, *gǒu* (狗, "perro") no me parece un perro, pero *mǎ* (馬, "caballo") sí que me recuerda a un caballo con la crin y las cuatro patas. Por tanto, el significado de los caracteres chinos se deja libre a la interpretación.

Los occidentales tienen a menudo dificultades para memorizar los sonidos de tantas imágenes, sobre todo si las comparamos con nuestro alfabeto. Por ello existen unas enseñanzas fonéticas llamadas *pīnyīn* (拼音, "sonido escrito") que escriben el sonido de cada carácter con letras romanizadas. Durante este libro presentaré cada nuevo término chino con el equivalente *pīnyīn* de la pronunciación mandarín. El mandarín (en chino: *pǔtōnghuà*, 普通話, "discurso común") es uno de los muchos dialectos que se hablan en China, pero es el dialecto nacional y normativo de la era moderna del país, siendo el más accesible para los lectores internacionales.[2]

En la actualidad existen dos tipos de escritura *hànzì*. La primera se conoce como *zhèngtǐ-zì* (正體字, "caracteres tradicionales"). Estos símbolos se han estado utilizando durante miles de años y aún se usan en Táiwān, Hong Kong, Macau y comunidades chinas extranjeras. Muchos de ellos fueron reemplazados, modificados o prohibidos por el

---

2   La palabra "mandarín" viene del término chino conocido como *Mǎndàrén* (满大人, "el gran hombre Mǎn" o "el maestro *Mǎn*"). *Mǎn* (满) se refiere a los Mǎnzhōurén (满洲人, "manchuriano" o "personas de todo el continente"), los gobernadores extranjeros de china durante la dinastía Qīng (清朝, Qīng-*cháo*, "dinastía de la claridad", 1644 – 1912 D.C.). Los chinos utilizaban la palabra *Mǎndàrén* para referirse a sus líderes extranjeros y su lengua. El término se extendió por todo el mundo durante el siglo XIX y ahora es así como se conoce a la lengua, pero en la China moderna llaman a este dialecto *pǔtōnghuà* (普通話, "discurso común"), al ser el dialecto estándar del centro y el noreste del país.

Partido Comunista Chino después de que tomaran el control de China en 1949. Los *hànzì* fueron alterados porque las doctrinas ateas del comunismo chino eran opuestas a su contenido cultural, religioso o histórico. Por tanto, el segundo tipo de escritura *hànzì* se hace llamar *jiǎnhuà-zì* (簡化字, "caracteres simplificados"), utilizada en China Continental.

Yo utilizo los símbolos tradicionales porque contienen la cultural original que se perdió con el uso de los caracteres simplificados. Toriyama, a menudo, utiliza estos símbolos para vincular a sus personajes con la antigua China y sus conceptos espirituales. Aportaré explicaciones en profundidad sobre el *hànzì* cuando sea relevante en *Dragon Ball*.

La pronunciación china

Nos centraremos en las siguientes letras clave: 'c', 'j', 'q', 'x' y 'r'.

C: suena 'ts,' como la onomatopeya 'tsss'. Así, 'cao' se pronunciaría 'tsao.'

J: sería parecido al sonido de nuestra 'll,' como la palabra 'allí.' Así, 'ji' se pronunciaría 'lli.' El sonido de la 'i' es similar al nuestro, pero a veces es más cerrado. Por ejemplo, el 'zì' de la palabra *'hànzì'* se pronunciaría 'zu', con 's' vibrante en lugar de nuestra 'z'.

Q: igual que nuestra 'ch,' como en la palabra 'coche.' De este modo, la palabra 'qun' se pronunciaría 'choon.'

X: suena 'sh,' como la onomatopeya 'shhh.' Así, 'xia' se pronunciaría 'shiah.'

R: el sonido de la 'r' china no forma parte de nuestro sistema fonético, pero sí suena igual que la 'r' inglesa. Por ejemplo, 'rou' se pronunciaría igual que la palabra 'row' en inglés, aunque con el acento mandarín podría derivar en un sonido 'rr' más suave ('rouge') o en 'er' ('urban').

También encontramos combinaciones de dos letras como las siguientes: 'ao', 'ch', 'qu', 'sh', 'wu', 'xi', 'yi' y 'zh'.

AO: sonaría como en español, así que la palabra 'pao' la pronunciaríamos igual.

CH: suena como la 'ch' española. Así, 'chao' lo pronunciaríamos similar.

QU: es el sonido 'choo', pronunciando una 'u' larga en lugar de 'o.' De esta forma, 'quan' se pronunciaría 'chuu-an'.

SH: de nuevo 'sh', como la onomatopeya 'shhh'. La palabra 'shao' se pronunciaría con ese sonido onomatopéyico inicial.

WU: otra vez una 'u' larga, con apenas pronunciación de la 'w'.

XI: sonaría como la 'sh' mezclada con una 'i' larga. La partícula 'xi' se pronunciaría 'shii'.

YI: solo prolongamos el sonido de la 'i', ignorando la 'y'. Tendríamos así 'yi', que se pronunciaría 'ii'.

ZH: similar a una 'll' suave. Por ejemplo, la palabra 'zhao' se pronunciaría 'llao'.

Quedarían muchos sonidos chinos por ver, pero con esto es suficiente.

La lengua japonesa

La cultura china tiene una mayor influencia en el desarrollo de la cultura y lengua japonesa. La exportación más importante de cultura china aconteció durante la dinastía Táng (唐朝, Táng-*cháo*, "la dinastía del pilón arrogante", 618 – 907 A.D.). Fue entonces cuando el *hànzì*, el budismo, el taoísmo y el folclore nativo de la cultura china fueron adoptados por literatos japoneses. Esto desembocó en el uso japonés del *hànzì* (漢字), denominándolo *kanji* (漢字, pronunciado 'kan-llii').

Cuando los japoneses escucharon por primera vez el

chino, intentaron aproximar los sonidos a su fonética materna, dando lugar a la pronunciación *on'yomi* (音読み, "lectura sonora"). Por ejemplo, el *hànzì* de *jiǎo* (餃, "bollo relleno de manzana") en japonés *on'yomi* se pronuncia *chao*.

Cientos de años después, los japoneses se adueñaron del *kanji* y le otorgaron una pronunciación localizada que difería del chino. A esto se le llamó pronunciación *kun'yomi* (訓読み, "lectura traducida"), siendo más moderna. Así que en japonés *kun'yomi*, la palabra *jiǎo* (餃) se pronunciaría *lliō*.

Esto implica que cada *kanji* tenga dos (o más) pronunciaciones, y hay miles de ellos.

Una manera de saber cómo pronunciarlos radica en atender a la posición del kanji, si va por libre o está situado junto a otro. Por ejemplo, si el *hànzì* de *shén* (神, "dios" o "espíritu") no va acompañado de ninguna partícula más, entonces se utiliza el japonés *kun'yomi*, pronunciándose *kami*. Pero si dicha palabra se coloca junto a otro *kanji*, entonces se utilizaría el *on'yomi* y se pronunciaría *shin*, tal como ocurre en *shinrei* (神雷, "alma"). El kun'yomi tiende a ser polisílabo en su pronunciación, mientras que el *on'yomi* es monosílabo, como su equivalente chino.

Debido a esto, el japonés desarrolló un sistema propio de escritura, culturalmente simultáneo a las islas. Lo hicieron de este modo porque los *kanji* expresan información mediante una imagen, pero no tienen el valor fonético de una sílaba.

Aparte del *on'yomi* y el *kun'yomi*, los japoneses tienen sus propios símbolos del alfabeto compuestos por sonidos fonéticos, escritos con diferentes caracteres: *ka* (か), *ki* (き), *ku* (く), *ke* (け), *ko* (こ) por un lado, y *na* (な), ni (に), *nu* (ぬ), *ne* (ね), *no* (の) por otro. Las palabras se formarían combinando las diferentes sílabas. Un caso especial es la consonante *n* (ん), que se puede pronunciar por sí misma o junto a otras, funcionando como una sílaba regular. Por ejemplo, *konbanwa* (こんばんは, "buenas noches") combina las sílabas 'ko-n-ba-n-wa'.

Hay dos alfabetos utilizados en Japón, cada uno de ellos compuesto por *kana* (仮名, "letras").

El primero es el *hiragana* (平仮名, "letras ordinarias"), el cual consta de 46 letras utilizadas para escribir palabras nativas y partículas gramaticales en las que no existen los *kanji*, como la propia pronunciación escrita de *kanji*. Por ejemplo, el sufijo *san* (さん, "Sr.", "Sra." o "Srta.") tiene dos hiraganas combinados: *sa* (さ) y *n* (ん). Esto también ocurre con Toriyama-*san* (鳥山さん, "Sr. Toriyama").

El segundo es el *katakana* (片仮名, "letras incompletas"). Se compone de 48 letras y se utiliza para términos extranjeros, técnicos y científicos. Por ejemplo, América se escribe *Amerika* (アメリカ, pronunciado 'A-me-ri-ka') en *katakana*. Hacen lo mismo con ciertas palabras chinas, como el juego *májiàng* (麻將, "mahjong"), escrito como *mājan* (マージャン, pronunciado 'maa-llan').

El *katakana* juega un papel importante en el *manga* porque se utiliza para los efectos de sonido y las onomatopeyas (palabras creadas para emular los sonidos reales). Por ejemplo, el sonido de un 'bang' en japonés es *don* (ドン). Como verás, existe un conjunto de sonidos culturales a los que no estás acostumbrado. Por ejemplo, en Occidente, un perro emitiría el sonido 'guau, guau', pero en japonés la onomatopeya sería *wan-wan* (ワンワン). A diferencia de los cómics occidentales, donde una palabra se escribe en negrita o en cursiva para aportar énfasis, en el *manga* se consigue ese efecto con el *katakana*.

Del mismo modo, el *hiragana* y el *katakana* se utilizan para expresar emoción. Por ejemplo, si *Gokū* está emocionado con algo, articulará el sonido *waku-waku* (わくわく) en *hiragana*, en lugar del equivalente de "estoy emocionado". Si un personaje se enfada, dirá *pun-pun* (プンプン) en *katakana*. Estas acciones, sonidos y emociones ya son en sí un lenguaje.

Habrás notado que en el manga Toriyama utiliza una

combinación de efectos de sonido en inglés y japonés, como "BOOOM!!", escrito con letras grandes en inglés en una viñeta, y luego, al lado, un "DON!!" en *katakana*. Esto es parte de su estilo, y merece nuestra atención, porque lo hace para llegar a su audiencia japonesa de los años 80 que quizás no hablaba el idioma. Además, el inglés se considera un idioma muy guay en Japón.

El japonés empezó a incorporar el inglés *gairaigo* (外来語, "préstamos") a finales del siglo XIX durante el proceso de modernización, especialmente tras la Primera Guerra Mundial (1914 – 1918) con la introducción de la radio. El inglés y la filosofía extranjera resultaban atractivos, pero debido a la naturaleza silábica del japonés, les resultaba complicado articular las palabras. Así, el léxico sufrió un cambio fonético, haciendo que los sonidos se adaptaran al sistema silábico de escritura, sobre todo, en el *katakana*. Por ejemplo, 'zumo de naranja' (*orange juice* en inglés), pasó a ser *orenji jūsu* (オレンジジュース) en Japón.

Aquella moda de utilizar palabras en inglés ha persistido hasta nuestros días, y algunos japoneses no reparan en que parte de su vocabulario tiene un origen extranjero. En 2003, mi compañero de habitación japonés, en Běijīng (Pekín), no sabía que 'orange' y 'juice' eran palabras extranjeras, tan solo que llamaban a la bebida *orenji jūsu*.

A Toriyama le encanta utilizar préstamos lingüísticos, no solo por su sonido extranjero y guay, sino por su ingenio cómico. Nombra a los personajes como a las comidas extranjeras, crea artilugios futuristas con nombres científicos y sus caracteres chinos o japoneses reflejan el inglés con un japonés fonéticamente modificado, para conectarlos con la cultura occidental.

En *Dragon Ball* vas a ver *kanji*, *hiragana* y *katakana*. Haré referencias al antiguo *on'yomi* y al moderno *kun'yomi* como ejemplos para mostrar cómo Toriyama juega con las pronunciaciones antiguas y modernas.

También tendrás una lectura de ayuda para pronunciar

kanji, llamada *furigana* (振り仮名, "letras de pronunciación"). Consiste en escribir letras en *hiragana* o *katakana* encima o al lado del *kanji*. La destacaré cuando Toriyama haga alguna broma lingüística para el público japonés. A veces, escribía una palabra de cierta manera y luego incluía el texto en *furigana* al lado, para hacer comprender el juego de palabras. Si no sabes japonés, el chiste pierde su gracia, así que lo resaltaré.

Al igual que con los términos chinos, cada concepto nuevo en japonés lo escribiré primero en el *rōmaji* (ローマ字, "letras romanas") equivalente a la pronunciación japonesa.

La pronunciación japonesa

Creo que cuando intentes pronunciar las palabras en japonés se parecerán casi siempre a su sonido real. Además, si eres fan de *Dragon Ball*, probablemente ya las habrás escuchado antes, así que no daré tantos detalles como previamente con el chino.

Lo único en lo que tendrás que prestar atención son en las vocales 'ā', 'ī', 'ū', 'ē' y 'ō'. Cuando veas esos macrones encima de la vocal, significa que tendrás que alargar su sonido.

Por ejemplo, la partícula 'kū' que encontramos en Gokū tiene un macrón en japonés, así que su nombre se pronunciaría 'Gokuu', con la 'u' prolongada. Lo mismo para la 'ō' en palabras como 'Daima-ō', que se pronunciaría 'daima-oo', o la 'ī' en la bebida *bīru* (ビール, "cerveza"), que se pronunciaría 'biiru.'

El sánscrito

El sánscrito es una antigua lengua de la India que dio forma a las culturas de nuestro mundo, al igual que el latín y el griego. Proporcionó la raíz de incontables palabras en infinidad de idiomas.

Muchas palabras budistas tienen su origen en India, aproximándose al chino y luego también al japonés. A menudo, mencionaré durante el libro una palabra en sánscrito seguida de su equivalente en chino y japonés. Por ejemplo, el término budista *citta-santāna* (en sánscrito चित्तसंतान, en chino *xīn-xiāngxù*, 心相續, en japonés *shin-sōzoku*, "corazón constante") se refiere a una continua serie de momentos de nuestra existencia que llamamos consciencia.

En estos casos multilingües no incluiré el *kanji* japonés cuando sea igual que el *hànzì* chino o viceversa.

Toriyama no utiliza el sánscrito, sino una aproximación japonesa o china, pero para comprender su significado tendremos que llegar a los términos originales de la India.

A veces, una palabra en sánscrito puede que no exista en japonés o en chino, siendo única de esa cultura. Otras veces no se incluirán, pues reduciría la legibilidad.

No voy a daros una guía de pronunciación del sánscrito, pero lo saco a relucir para reforzar vuestra apreciación del chino y el japonés, y para aquellos lingüistas que disfrutan observando cómo evolucionan las palabras a lo largo del tiempo, ejerciendo una influencia sobre nuestro mundo.

Diviértete

Si tienes problemas pronunciando estas palabras, no te preocupes, es normal. Gokū también lo habría pasado mal con ellas, pero eso no le habría desaminado, ¿verdad? Habría dado lo máximo y seguiría adelante. ¡Así pues, pásalo en grande con tu aventura!

Origen

Para descubrir el origen de *Dragon Ball* nos adentraremos en la mente de Akira Toriyama.

Examinaremos su historia, desde su infancia hasta su etapa adulta más temprana, descubriendo cómo va evolucionando.

Durante el camino, desentrañaremos qué le hizo ser una estrella, de dónde vino su inspiración por *Dragon Ball* y por qué es el *manga* y *anime* más querido del mundo.

Akira Toriyama

"Toriyama el Magnífico" nació con la pluma en la mano. Las palomas salieron volando de su boca mientras articulaba estas palabras: "Dadme papel y tinta, pues así traeré la alegría al corazón de los hombres." ¡Entonces, la Tierra tembló y el pueblo se regocijó!

Nace Toriyama

Obviamente, tal nacimiento milagroso no tuvo lugar. Toriyama nació el 5 de abril de 1955, en Nagoya-*shi*, Aichi-*ken*, Japón.[1] Es el primogénito de Karazu y Tombi Toriyama, seguido dos años después por su hermana, Uzura.[2–3]

---

1   Nagoya-*shi* (名古屋市, "antiguo nombre de la ciudad vivienda"). Aichi-*ken* (愛知県, "la prefectura que ama la sabiduría"). Japón tiene 47 *ken* (県, "prefecturas") que son regiones del país. Cada una alberga sus propias costumbres locales.

2   La familia de Toriyama es una típica *ie* (家, "casa de familia") formada por el padre, la madre, el hijo y la hija. Una *ie* es una estructura familiar realzada por el gobierno japonés desde los años 30 hasta los 50 (especialmente durante la Segunda Guerra Mundial), con el objeto de fomentar la propaganda y el nacionalismo. Es similar al ideal de familia americana de la misma época.

3   "Los chicos estaban llenos de vida" procede de la colección de tres volúmenes de su *manga* de historias cortas titulado *Toriyama Akira ○ Saku gekijō* (鳥山明○作劇場, "*El Teatro Manga de Akira Toriyama*", 1983, 1988 y 1997). Casi todas las traducciones de las entrevistas o comentarios de Toriyama en publicaciones oficiales que utilizo en este libro proceden de *http://kanzenshuu.com/translations/* y se pueden

Toriyama Akira (鳥山 明, "La montaña del pájaro brillante") se escribe con tres *kanji*: *tori* (鳥, "pájaro"), *yama* (山, "montaña") y *akira* (明, "luminoso", "luz" o "brillante").

Nagoya es la "capital central" de Japón por su localización en la isla principal. Es una zona metropolitana, pero Toriyama creció en el campo, en Kiyosu-*shi* (清須市, "la ciudad lúcida"). Aún prefiere vivir en Kiyosu porque es una zona tranquila, alejada de la multitud.

Juventud primaveral

'¡Pillado! ¡Tú la llevas!" Toriyama corría por el campo de Kiyosu mientras jugaba con sus amigos, respiraba aire puro y contemplaba los pájaros. Es la juventud primaveral de Toriyama.

Recuerda su infancia tal que así: "Los niños estaban llenos de vida... y jugábamos apasionados en las calles hasta ponerse el sol. Incluso ahora, siendo adultos, somos personas excelentes".

Cuando no estaba jugando con otros niños, disfrutaba del trabajo de Tezuka Osamu (手塚 治虫– 9 de febrero de 1989), el *manga-ka* (漫画家, "autor de cómic") más famoso de la historia. En particular, disfrutaba del trabajo más influyente de Tezuka, *Tetsuwan Atomu* (鉄腕アトム, "*Átomo Poderoso*" o "*Astro Boy*", 1952). Toriyama declara en la guía *Dragon Ball: Bōken Special* que su manga favorito era "*Tetsuwan Atomu*: "Había una revista llamada *Shōnen* y me gustaba prácticamente todo el manga que aparecía en ella".[4]

---

leer online. Gracias al personal de *Kanzenshuu* por su dedicación con la serie.

4 *Dragon Ball: Bōken Special* (ドラゴンボール 冒険SPECIAL, "*Dragon Ball: Aventura Especial*", 1987) es la primera guía oficial de *Dragon Ball* e incluye información rara y entrevistas.

Después de la Segunda Guerra Mundial (1939 – 1945), durante los años 50 y 60, la popularidad de la industria del *manga* estalló en Japón. Así, el *manga* es algo con lo que creció, al igual que hicieron los americanos con los cómics. Mientras que el *manga-ka* se puede expresar mediante géneros específicos como los deportes o la política, u otros enfocados a los adultos, las mujeres o las jovencitas, Toriyama leía *manga shōnen* (少年漫画, "cómics de chicos jóvenes"). Este tipo de *manga* normalmente presenta a un joven con el que el lector empatiza, emprendiendo aventuras o experimentando situaciones divertidas.

Así que disfrutaba leyendo *manga* como un niño, inspirándose en el precioso arte e historias entretenidas para dibujar las suyas. En *Saku gekijō* (1983) dijo: "Era muy travieso cuando era pequeño, pero me encantaba dibujar. Siempre dibujaba animales y vehículos porque era lo que me gustaba". En el volumen 1 de *American Shonen Jump* (enero de 2003) dijo: "Empecé a copiar el dibujo de los personajes manga de otras personas cuando tenía unos 5 años".

Dijo que cuando estaba en preescolar, vio la película de Disney de los *101 Dálmatas* (1961) y casi se cayó del asiento pensando en cómo le gustaría dibujar así. Después de esta experiencia nunca paró de dibujar. Toriyama declaró en el *Daizenshū 6: Movies & TV Specials* (1995)[5]: "Cuando era niño había escuelas de dibujo llamadas Zugaya-*san* (図画屋 さん, "Tienda del Sr. Dibujo"). Los niños locales se reunían y dibujaban ilustraciones mientras jaleaban. Recuerdo un día que dibujé una imagen de los *101 Dálmatas*, gané el premio y me quedé inmóvil, y aquí estoy ahora". Esta escuela de arte probablemente fuera una pequeña fran-

---

5   Los *Daizenshū* (大全集, "grandes colecciones completas") son diez guías oficiales de la serie de *Dragon Ball* publicadas poco después del final del *manga*, desde 1995 a 1996. Están llenas de información, ilustraciones y entrevistas.

quicia local de su ciudad donde los amigos se reunían para pasarlo bien. Dibujar era su pasatiempo hasta que se presentó a dicho concurso y ganó. Después de aquello, se convirtió en una pasión.

Toriyama afirma que su familia era pobre, por lo que no podían permitirse tener juguetes y otras cosas divertidas para jugar. En la entrevista de la revista *Menzu non-no* (メンズノンノ, *"Non-No de Hombres"*) (2014) recuerda lo siguiente: "Dibujaba cosas que quería. En aquella época deseaba tener un caballo, así que lo dibujé pensando que, probablemente, sería divertido montarlo por las calles del vecindario y galopar con él". Dibujaba el caballo una y otra vez, imaginando que lo traía a la vida e iba con él por la calle". Finalmente, en el *Daizenshū 6* dijo: "Mi primer recuerdo de un dibujo satisfactorio fue el de un caballo. Aún lo recuerdo. Sabía que había hecho bien las articulaciones. Siempre me ha gustado dibujar. Cuando era pequeño, no teníamos tantas formas de entretenimiento como hoy en día, así que realizábamos ilustraciones. En primaria, todos dibujábamos personajes de *manga* o *anime* y nos los enseñábamos entre nosotros".

A esta edad, Toriyama aún no sabía que dedicaría su vida a dibujar, ni tampoco el impacto que tendrían sus creaciones. Ni siquiera pensaba que su talento fuera excepcional: "Quizás siga dibujando. Todos empezamos con más o menos las mismas destrezas para el dibujo, ¿verdad? Yo empecé haciendo retratos de mis amigos y cosas del estilo, comenzando a pensar que dibujar era divertido".

Descubrió que tenía visión de artista: "Desde que era niño siempre he tenido la costumbre de mirar a mi alrededor. Incluso cuando voy a comprar, me divierto más observando la ciudad que haciendo la compra. Cuando realizas un proyecto, esta práctica viene de perlas para dibujar las escenas callejeras, los objetos pequeños, la ropa y todo eso". Realiza una captura mental cuando una escena externa u objeto inspira su imaginación. Luego, traslada la imagen al papel, garabateando hasta que la retrata o pierde el interés. "Las grabo a fuego en mi memoria". Pero a veces, su memoria le falla, y tiene que hacer uso de su creatividad para completar lo que falta, aunque recuerda a grandes rasgos la imagen. Así que el resultado final no es fotorrealista, pero sí lo suficientemente parecido al original como para valorarlo. Esta habilidad para capturar una imagen en su retina mental y transferirla al papel es un regalo que proporciona versatilidad. Apuntaba: "Probablemente, creo que no hay nada que no pueda dibujar".

Cuando salía del colegio, pasaba las tardes en la calle haciendo travesuras hasta que oscurecía. Luego en casa, se tiraba todo el rato dibujando. Creció en una época en la que aún no eran comunes las *gakushū juku* (学習塾, "clases de tutoría"), donde los estudiantes hacían deberes extra después del horario escolar. Si no hubiera tenido esa libertad creativa para ser simplemente un niño y jugar con sus amigos, entonces no se habría convertido en el hombre que es hoy.

A pesar de no estudiar todo el tiempo, lo hacía bien en el colegio. En la entrevista de 1981 de la revista *Ribon* (りぼん, "*Lazo*") dijo que en primaria consiguió las notas más altas. Sus materias preferidas eran arte y diseño, mientras que las mates eran su punto débil.[6] Ya desde una edad temprana se decantaba por las artes creativas y se alejaba de las matemáticas, admitiendo en la entrevista de *Tetsuko no Heya* (徹子の部屋, "*La habitación de Tetsuko*", 1983): "Mis libros de texto estaban, relativamente, llenos de garabatos".

Un día fue a casa de un vecino para ver la televisión por primera vez. Fue amor a primera vista. "Estaba perplejo...

---

6   Un archivo de la entrevista a Toriyama de la revista *Ribon* (りぼん, "*Lazo*"), en japonés, de octubre de 1981: *http://www.geocities.jp/kongzimi/duihua-toriyama.html*

Como cualquier niño, veía cosas más y más interesantes". Su curiosidad le obligó a estar atento para ver lo que pasaba después. El mundo entero estaba dentro de esa caja.

Desde ese instante en adelante, la TV se convirtió en una compañera de vida de Toriyama. Él mismo dijo que "se crió con la televisión".

Criado con la TV

La televisión configuró la cosmovisión de Toriyama, y el trabajo que realiza como adulto es un reflejo de dicho entretenimiento durante su infancia.

Desde que nació en 1955, creció viendo los programas de televisión de los 60, 70 y 80. A este período de la pequeña pantalla se le llamó Shōwa-*jidai* (昭和時代, "la era de la paz iluminada"). Los japoneses definen su historia y los años del calendario basándose en el mandato del emperador. De este modo, el Shōwa-*jidai* abarca el mandato de Shōwa-*tennō* Hirohito (昭和天皇裕仁, "la paz iluminada del Emperador Hirohito", desde el 21 de abril de 1909 hasta el 7 de enero de 1989), comenzando el 25 de diciembre de 1926 hasta el 7 de enero de 1989. Después se inició el Heisei-*jidai* (平成時代, "la era del equilibrio consumado"), período en el que el hijo de Norihito, Akihito (明仁, "el nacimiento del segundo resplandor"), nacido el 23 de diciembre de 1933, se hizo con el trono el 12 de noviembre de 1990. Este es el período en el que nos encontramos actualmente.

La época *Shōwa* de la televisión alberga un tono simple y desenfadado. Está representada por héroes disfrazados que luchan contra "el monstruo semanal", mientras que los programas cómicos y el *anime* entretienen al público con historias de fantasía y amor, ya sea con robots en el espacio exterior o chicos traviesos en la Tierra. Es la etapa en la que la industria del entretenimiento nipona ejercita su músculo creativo y nacen muchas series clásicas. La respuesta cultural a la era de la Segunda Guerra Mundial.

Al crecer en esta época, Toriyama está influenciado por la idea de crear productos de naturaleza alegre y sencilla. Prefiere dejarte con una sensación de entretenimiento y vitalidad, en lugar de crear conceptos violentos, oscuros o serios. Si lo comparamos con el público occidental, ocurre algo similar con los dibujos americanos producidos en los años 70, como *Super Friends* (1973) y *El show de Tom y Jerry* (1975), y los 80, con *Transformers* (1984) y *G.I. Joe: A Real American Hero* (1985). Estas series contienen mensajes simples, divertidos, y en ocasiones moralizantes, pero nadie espera muertes violentas o escenarios sexuales.

Toriyama aún sigue con esta actitud hoy en día. Hablando de su película en 2013, *Dragon Ball Z: Kami to Kami*, durante la entrevista *Akira Toriyama x Shōko Nakagawa Interview* (2013) dijo: "El *anime* reciente alberga personajes con relaciones complejas, por lo que desarrollé la trama, simplemente, con una esencia de *Shōwa*, así que estaré más feliz si puedo transmitir la diversión de los personajes. ¡Algo tan simple y puro no se suele representar, por lo que me gustaría que tan solo disfrutaran viendo algo que es fácil de comprender!" Aunque ya lleva 24 años en la etapa *Heisei* y sus compatriotas están creando historias más oscuras, Toriyama aún prefiere mantener sus historias llenas de alegría y entretenimiento. Por eso, su trabajo mantiene ese espíritu tan fresco, convirtiéndose en un clásico.7

¿Entonces qué series veía? En el *Daizenshū 3* afirmó: "Veía series como *Tetsuwan Atomu* y *Tetsujin Nijūhachi-gō*

---

7   *Dragon Ball Z: Kami to Kami* (ドラゴンボールZ 神と神, *Doragon Bōru Zetto: Kami to Kami*, "*Dragon Ball Z: God and God*" o "*Battle of Gods*", 2013) es la película animada de *Dragon Ball* número 18.

hasta cuarto curso. En la segunda mitad de primaria, me gustaban las series de imagen real y las películas de monstruos gigantes. Ya en secundaria, me interesé por películas normales... Aparte de eso, también veía *Osomatsu-kun*. Todo el mundo imitaba la pose *shē* de Iyami. También me gustaba *Eitoman*."

Tetsuwan Atomu (1963) es el primer *anime* de la historia. Está basado en el *manga* de Tezuka, y según Toriyama, es el que permanece en lo más profundo de su memoria. *Tetsujin Nijūhachi-gō* (鉄人28号, "*Iron Man No. 28*", 1963) es el primer *anime* de robots gigantes donde un chico maneja un robot con control remoto. Está igualmente basado en un *manga* creado por Yokoyama Mitsuteru (横山 光輝, 18 de junio de 1934 – 15 de abril de 2004). *Osomatsu-kun* (おそ松くん, 1966) es una comedia *anime* sobre las travesuras de los sextillizos con dientes de conejo. De nuevo, está basado en un *manga*, esta vez de Akatsuka Fujio (赤塚 不二夫, 14 de septiembre de 1935 – 2 de agosto de 2008), considerándose "el rey del gag *manga*". La pose *shē* (シェー) es una de las señas de identidad cómicas del personaje Iyami (イヤミ), el cual cruza uno de sus pies con su otra pierna, mientras coloca una mano sobre su cabeza de manera divertida. Se convirtió en una popular tendencia por todo Japón. Por último tenemos a *Eitoman* (8マン, "*El hombre 8*", 1963), un *anime* sobre un humano que se convierte en androide y utiliza las artes marciales para derrotar a los villanos y mantener la paz mundial. La serie, como ya imaginarás, se basa en el *manga* de Hirai Kazumasa (平井 和正, nacido el 13 de mayo de 1938) y Jirō Kuwata (桑田 二 郎, nacido el 17 de abril de 1935). Se adelantó dos décadas a películas de Hollywood como *Robocop* (1987) y otras del estilo.

Toriyama citó cuatro de las series que más le influyeron siendo niño, y todas están basadas en *manga*. Si hay que aprender algo de esto, es que si quieres que tus historias se conviertan en *anime*, entonces debes hacerte *manga-ka*. Toriyama aprendió esta lección muy bien.

Aparte del *anime*, se hizo un gran fan del *tokusatsu* (特撮, "rodaje de [efectos] especiales"), series de imagen real protagonizadas por superhéroes disfrazados, donde los personajes realizan lo que se conoce como *henshin* (変身, "transformación"), convirtiendo su cuerpo en un guerrero ultra poderoso que utiliza las artes marciales y técnicas sobrenaturales para derrotar al monstruo de la semana. El monstruo, normalmente, está interpretado por un hombre disfrazado, y luchan con sus formas gigantes destrozando la ciudad.

Dos series icónicas incendiaron el género e influenciaron el trabajo de Toriyama. *Urutoraman* (ウルトラマン, "*Ultraman*", 1966) trata de un agente del cuerpo especial de policía que es asesinado por una nave alienígena caída del espacio. El alien se siente tan mal por haberle matado que se mete dentro de su cuerpo, tomando su lugar y transformándose en Urutoraman, el ser rojo y plateado que lucha contra los extraterrestres que atacan la Tierra. Toriyama ama esta serie, incluyendo su primera secuela, *Urutorasebun* (ウルトラセブン, "*Ultra Seven*"), y repetidamente la ha parodiado o hecho referencias. Esta serie y sus diferentes secuelas crean el género *kyodai hīrō* (巨大ヒーロー, "héroe gigante") donde un hombre de tamaño convencional crece hasta tener el tamaño de los rascacielos.

Kamen Raidā (仮面ライダー, "*Kamen Rider*", 1971) trata de un hombre joven que sufre una transformación cibernética y se convierte en un *kaizō ningen* (改造人間, "humano remodelado" o "ciborg") con los rasgos de un saltamontes. Lucha contra la misteriosa organización terrorista conocida como Shokkā (ショッカー, "conmocionador"), que secuestra a la gente y les lava el cerebro, utilizando el mismo proceso *kaizō ningen* para convertirlas en villanos de aspecto animal. Muchos de los villanos de Toriyama están inspirados en estas series, incluyendo científicos que realizan operaciones similares. *Kamen Raidā* ha tenido más de una docena de secuelas y películas.

Más allá de estos programas, Toriyama ha visto décadas de televisión y entretenimiento, como los espectáculos de variedades. Pero la mayor influencia que recibió fue la siguiente: el cine.

Cinéfilo

En el *Daizenshū 1*, a Toriyama le preguntaron qué utilizaba como material referencial, a lo que respondió: "Supongo que me baso en diferentes cosas, como las películas que permanecen en mi cabeza desde hace tiempo. Por supuesto, creo que los largometrajes son muy útiles. Llevo apreciando el cine de manera absurda desde entonces". En la entrevista de *American Shonen Jump* #1 también apuntó: "Siempre creo historias en mi cabeza, extraídas de las escenas de las películas, e imagino cómo se desarrollarían". Toriyama confía en los recuerdos cinematográficos que tiene de su infancia, obteniendo así un punto de referencia para sus trabajos, desde vehículos y armas, hasta los propios actores.

Uno de sus géneros favoritos es el *kaijū* (怪獣, "bestia extraña"). El ejemplo icónico de *kaijū* es *Gojira* (ゴジラ, "*Godzilla*", 1954), una película sobre un monstruo lagarto gigante y radioactivo que ataca Tōkyō (東京, "capital oriental"). Pero la película, más que una simple cinta de monstruos, es un retrato poético de la experiencia de Japón tras haber sido bombardeado por las armas nucleares y sufrir los efectos secundarios negativos de la ciencia. Por las armas nucleares nació Gojira, así que su existencia y la devastación que desata sobre Tōkyō es un recordatorio de lo que ocurrió en 1945, como resultado del extremo *bushidō* (武士道, "el camino del guerrero") del militarismo nipón.

La película está producida por Tōhō Kabushiki-gaisha

(東宝株式会社, "Tōhō Studios", fundado en 1932), el estudio cinematográfico más grande de Japón.[8]

Gracias a ella se estrenó el género kaijū, así como los efectos especiales de cine *tokusatsu*, que desembocaron en las series televisadas mencionadas anteriormente como *Urutoraman*. Sin *Gojira* en el cine no existirían esas series de televisión. El director de los efectos especiales de Gojira, al igual que su supervisor, fue el famoso Tsuburaya Eiji (円谷 英二, 10 de julio de 1901 – 25 de enero de 1970). Él creó *Urutoraman* y trabajó con Tōhō para establecer este género en los 60, durante los años de formación de Toriyama. Nuestro joven absorbió la hechicería de los efectos especiales de Eiji, tanto en la gran pantalla como en la pequeña.

Toriyama contempló las secuelas y *spin-offs* de *Gojira* como *Mosura* (モスラ, "Mothra",1961) y *Kingu Kongu tai Gojira* (キングコング対ゴジラ, "*King Kong contra Godzilla*", 1962). Igualmente, la tortuga radiactiva *Gamera* (ガメラ, 1965), producida por el estudio rival, Daiei Eiga Kabushiki-gaisha (大映映画株式會社, "Daiei Motion Picture Company", fundada en 1942), se convirtió en su favorita.

Gojira inició el género bajo un umbral oscuro, pero con el paso del tiempo se hizo más infantil, y para ser franco, más ridículo. Toriyama prefiere esto último, ya que disfruta con las historias infantiles de las secuelas de finales de los 60 y los 70. No son películas que ganen premios, pero sí son divertidas y él solía ir al cine a verlas.

Recurriendo a sus recuerdos de infancia con estos monstruos, Toriyama ha hecho aparecer a Gojira, Gamera y otros *kaijū* en su *manga* de vez en cuando, simplemente por diversión. También, sin ninguna duda, su representación de las explosiones masivas de energía, que estallan como enormes nubes en forma de seta, cual bomba ató-

---

8   Un *kabushiki-gaisha* (株式会社, "sociedad anónima") es un tipo de corporación definida bajo la ley japonesa que alberga acciones.

mica, están inspiradas en los conceptos reflejados en estas
películas. Lo mismo que los alienígenas que vienen del
espacio exterior y los científicos que quieren estudiar bes-
tias extrañas o crear inventos de última generación para
destruirlas. Estas películas enseñaron a Toriyama a cen-
trar su obra en el entretenimiento.

Tōhō también produjo *samurai* (侍, "nobles guerreros")
y clásicos dramáticos de artes marciales llamados *jidai-
geki* (時代劇, "período de drama") que influenciaron el
trabajo de Toriyama, como la obra de arte de Kurosawa
Akira (黒澤 明, 23 de marzo de 1910 – 6 de septiembre de
1998), *Yōjinbō* (用心 棒, "*Yojimbo*", 1961).

La otra compañía de cine que marcó la vida de Toriyama
fue Tōei Kabushiki-gaisha (東映株式会社, "Tōei", fundada
en 1950). Son responsables de muchas series y películas
tokusatsu clásicas, así como títulos de aventuras como *Dai
Tōzoku* (大盗賊, "El gran bandido" 1963), conocida inter-
nacionalmente como *Samurai Pirate* y en América como
El mundo perdido de Simbad. Es una película clásica llena
de fantasía, bravuconería, brujas, reyes, ermitaños y un
bastón mágico que puede alargarse si se desea. Toriyama
lo utiliza como inspiración en *Dragon Ball*. Tōei es la compañía que continúa creando versiones *anime* de su *manga*,
así que alberga un lugar especial en su corazón (y en su
cuenta bancaria).

A través de *Dragon Ball Cultura* verás ejemplos de cómo
Toriyama utiliza los rostros de actores famosos con los
que creció y los añade posteriormente en *Dragon Ball*. Los
convirtió en luchadores de *gōngfu* ("kung fu"), de lucha
libre, en brujas, deidades u otros personajes pertinentes
para el beneficio de la historia. Los copia descaradamente
por el bien del humor, pero sin decírselo a nadie.

Está claro que a Toriyama le encantan las películas, pero
siendo ya adulto, no va demasiado al cine. En lugar de
eso, prefiere verlas en la televisión, su vieja amiga: "No
importa el canal. Normalmente dejo la televisión encen-

dida mientras trabajo. Por esta razón, no puedo ver nada con subtítulos, pues entonces no podría trabajar (risas). Básicamente estoy trabajando, pero echo un vistazo cuando la música me indica que una escena interesante está ocurriendo. Solo me centro en aquellas películas que quiero ver pase lo que pase".

El cine occidental

El cine occidental también ha influenciado la mente de Toriyama, y le encanta ver películas extranjeras: *Tiburón* (1975), *Star Wars* (1977), *Alien* (1979), *Blade Runner* (1982) y *The Terminator* (1984) le dejaron una gran marca. Las películas de *James Bond* (comenzando en 1962 con *Dr. No*) también jugaron un papel importante. En la entrevista de *American Shonen Jump* #1 dijo: "Me encantan las películas de ciencia ficción. Especialmente la primera película de *Alien*, mi favorita. Incorporé la ciencia ficción a *Dragon Ball* para expandir su alcance".

Toriyama añade referencias sutiles y un mimetismo descarado en la serie, sobre todo para el efecto cómico. Así incluye monstruos del espacio exterior, humanos artificiales, robots programados para asesinar al héroe, ciudades futuristas cercanas a aldeas pintorescas, viajes en el tiempo y efectos especiales llenos de magia.

Los *101 Dálmatas* (1961) de Disney sirvió para inspirar su arte cuando era niño, al igual que *Cenicienta* (1950) y otros clásicos. En la entrevista de la revista *V-Jump* de diciembre de 2013 dijo: "Admiraba desde una temprana edad las películas de Disney, al igual que *Tom y Jerry*, porque estaban muy bien hechas. Incluso siendo un niño, me impactaba ver la diferencia con Japón en temas como la destreza del dibujo".

Películas de superhéroes occidentales, como el icónico *Superman* (1978), a menudo aparecían como parodias o inspiraciones para las historias de su *manga*. Por ejemplo, Suppaman (スッパマン, "hombre-agrio"), con su identidad alternativa Kuraaku Kenta (暗悪健太, "Clark Kent"), a quien Gokū conocerá en la segunda parte de *Dragon Ball*.

A Toriyama le encanta, particularmente, el período de las películas de la Segunda Guerra Mundial. Le fascinan los detalles de las pistolas, los vehículos (tanques, aviones, motocicletas), uniformes de soldados y diferente parafernalia. Da igual si son las fuerzas aliadas o americanas, los nazis o los japoneses. Le encanta todo.

Toriyama incluye muchos de estos fenómenos bélicos en *Dragon Ball*. Dibuja todos estos objetos del mundo real en su mundo chino de fantasía, pero al realizarlos con su estilo característico, nada parece fuera de lugar.

El interés de Toriyama por el cine occidental es lo que le incita a incluir la cultura popular de Hollywood en su *manga*, en forma de chistes o instrumentos argumentales. Luego, para hacer su obra más entretenida, mezcla todo esto con las leyendas asiáticas y los sistemas de creencia chinos.

El cine Gōngfu

Su amor por las películas continúa con las películas *gōngfu* de Hong Kong. Empezó a verlas en los 70, cuando los cineastas de Hong Kong decidieron exportar sus películas a países vecinos para incrementar los ingresos.

Toriyama recuerda su experiencia con *Operación Dragón* ("*Enter the Dragon*", 1973) en el documento *TV Anime Guide: Dragon Ball Z Son Gokū Densetsu* (2003): "Vi *Operación Dragón*, protagonizada por Bruce Lee, cuando era estudiante. Recuerdo que estaba tan entusiasmado con ella que fui al cine unos diez días seguidos. La veía más o menos tres veces al día, e incluso ahora, la sigo viendo en vídeo. Me influyó sobremanera porque la primera vez que la vi fue durante la agitada adolescencia".

Bruce Lee (del chino: Lee Jun-fan, 李振藩, 27 de noviembre de 1940 – 20 de julio de 1973)[9] es, discutiblemente, el artista marcial más famoso del mundo. A pesar de solo haber participado en 4 películas antes de su desafortunado fallecimiento a los 32 años, es casi el único responsable de haber traído las películas *gōngfu* a la corriente americana. Fue un pionero en muchos ámbitos, como su voluntad para enseñar artes marciales a los occidentales. Su seña de identidad, "el estilo sin estilo", influencia la propia coreografía de lucha de Toriyama en sus escenas de combate, y las películas de Bruce inspiran escenarios y ambientes a lo largo de su trabajo. *Operación Dragón* cambia la vida de Toriyama.

Y añadía Toriyama: "Hubo un boom de películas *gōngfu*. Por esa época vi a Jackie Chan en *El maestro borracho* y me atrapó. Juntas las debo haber visto más de 200 veces". En la entrevista de *American Shonen Jump* continúa diciendo: "Si no hubiera visto esta película, nunca habría creado *Dragon Ball*."

Jackie Chan (del chino: Chan Kong-sang, 陳港生, nacido el 7 de abril de 1954),[10] puso de moda el cine *gōngfu* en los 70 y 80 con sus escenas de combate llenas de acción e historias divertidas. *Zuì-quán* (醉拳, "El maestro borracho", 1978) es su película clásica y Toriyama recurre a ella para dinamitar su inspiración.

Otra es *Zájiā xiǎozi* (en chino: 雜家小子, "Knockabout", 1979). Película protagonizada por Sammo Hung (en chino:

---

9   Lee Jun-fan (李振藩) es el nombre cantonés de Bruce Lee. En mandarín se pronuncia Lǐ Zhènfān.

10   Chan Kong-sang (陳港生) es el nombre cantonés de Jackie Chan. En mandarín se pronuncia Chén Gǎngshēng.

Hung Gam-bou, 洪金寶, nacido el 7 de enero de 1952)[11] y Yuen Biao (en chino: Jyun Biu, 元彪, nacido el 26 de julio de 1957).[12] Estos dos colegas de Jackie eran artistas marciales de gran talento, graciosos, y también actores. Sus secuencias de lucha inspiraron las batallas de Toriyama en lo que respecta emoción y diversión.

La similitud con sus películas no es sorprendente, ya que todos ellos estudiaron juntos en Peking Opera School y China Drama Academy (fundada en 1952) en Hong Kong. Allí aprendieron cómo interpretar las caídas, las escenas peligrosas y las artes marciales cinemáticas bajo un régimen de entrenamiento riguroso (hasta 18 horas al día durante 10 años seguidos). Costaba resistir el entrenamiento, pero estos jóvenes discípulos continuaron hasta convertirse en superestrellas de películas producidas por "Shaw Brothers" (en chino: Shào shì xiōngdì, 邵氏兄弟, 1958 – 2011), que hizo más de 1.000 películas, y por "Golden Harvest Entertainment Group" (en chino: Jiāhé yúlè jítuán yǒuxiàn gōngsī, 嘉禾娛樂集團有限公司, fundado en 1970), que produjo y distribuyó las películas de Bruce Lee y Jackie Chan.

Toriyama adora a estos actores. Además, su obsesión por ver las películas de estos dos estudios hizo que sus imágenes y métodos de narrativa se quedaran grabadas a fuego en su cabeza. Posteriormente, influyeron en sus torneos de artes marciales y estilos de lucha.

También recibió una gran dosis de aprendizaje de la cultura tradicional china, pues no era un estudioso en la materia, después de todo. A través de estas películas absorbió la cultura y la hizo suya.

---

11   Hung Gam-bou (洪金寶) es el nombre cantonés de Sammo Hung. En mandarín se pronuncia Hóng Jīnbǎo.

12   Jyun Biu (元彪) es el nombre cantonés de Yuen Biao. En mandarín se pronuncia Yuán Biāo.

Influencias cinematográficas

Akira Toriyama es el resultado de sus influencias cinema-tográficas. Su arte radica en el arte de transformar el arte ajeno en un nuevo tipo de arte, como una síntesis cultural de diferentes conceptos en una nueva forma de vida. Por tanto, su obra original no es original, pero carece de precedentes.

Toriyama es un estudiante del cine, de la ciencia del humor y del arte de la acción. Conforme pasan sus años de juventud, llena sus cuadernos de bocetos, deja de leer *manga* y pasa el tiempo viendo la televisión y yendo al cine. Años después decide coger la pluma y crear un *manga* real con una historia, apoyándose en sus recuerdos para hacerlo. ¿De qué están formados sus recuerdos si no es de televisión y cine?

El amor de Toriyama por la televisión y el cine implica que está más influenciado por las películas que por el *manga*. Los *manga-ka* de los años 60 y 70 no son los que influyen en sus historias, sino las versiones *anime* de dichas obras, junto a todo lo que hay en televisión. Parece un poco raro teniendo en cuenta que se gana la vida con el *manga*, ¿verdad?

Muy extraño que nunca luchara por convertirse en director de películas de acción o *anime*. En su lugar, se esforzó para ser *manga-ka*. Por eso le encanta dibujar, y mediante su manga, cuenta historias de cine. Consigue ser el director, el artista, el mago de los efectos especiales y el actor en sus propias películas. Toma el control de cada aspecto de la cinta (al menos en teoría, si no fuera por sus inoportunos editores).

El resultado es que *Dragon Ball* es un *manga* que parece de película. Es tan cinematográfico que está listo para una buena adaptación en Hollywood. Si los productores son fieles al material de Toriyama, se harán de oro.

Apasionado de las maquetas

Dado que Toriyama creció pasando mucho tiempo consigo mismo, necesitaba aficiones. Una de ellas era ensamblar maquetas y pintar miniaturas. En la entrevista de *American Shonen Jump* #1 dijo: "Tengo un montón de hobbies, pero lo que más hago es construir maquetas, en particular, me encantan los modelos militares".

Es una actividad perfecta mientras uno ve la televisión, y lo puedo confirmar porque hacía lo mismo cuando era un niño. Pasaba horas viendo *Dragon Ball Z* en la tele mientras ensamblaba y pintaba maquetas de aviones y miniaturas de Warhammer.[13]

Es una afición que aún tiene Toriyama. En el *Daizenshū 5* afirmó lo siguiente: "Siempre voy a la juguetería. Incluso tengo una habitación llena de maquetas de plástico. Si no las compras de salida, corres el riesgo de que dejen de producirlas, así que las compro pensando que si no lo hago ahora, luego será demasiado tarde. Antes de darme cuenta, las acabo comprando". En su casa tiene tantas maquetas que las cajas de *kits*, aún sin construir, las apila unas con otras. Lo mismo ocurre con su estudio de dibujo. Imagina cómo tendría su habitación cuando era un adolescente.

En el *Daizenshū 1* también menciona que su afición le ayuda a hacer su trabajo. Cuando se fija en algún vehículo de alguna película dice lo siguiente: "Uso esos materiales de referencia, cuando estoy dibujando cosas como coches o aviones. Las maquetas de plástico son útiles para ello, pues puedes mirarlas desde diferentes ángulos". Esto le

---

13   Warhammer es un juego de mesa bélico creado por Games Workshop, compañía británica de juegos y miniaturas (fundada en 1975). Cuando era joven jugaba a este juego y su versión temática de ciencia ficción, Warhammer: 40.000, como los Altos Elfos y Eldar respectivamente.

ayuda a entrenar el ojo y prestar atención a los detalles.

Con su interés creciente en la televisión, las películas y las maquetas, Toriyama ya no tiene tiempo de leer manga. Y así será por el resto de su vida, porque continuamente estará ocupado con el trabajo. Es el tipo de persona que preferiría ver la película en lugar de leer el libro.

Qué ironía que un *manga-ka* no lea *manga*.

Auto-entusiasta

En la línea de su pasión por los vehículos y los tanques, Toriyama es un entusiasta de los automóviles y le encanta dibujar coches extranjeros.

En el volumen 10 de *Dr. Slump* apuntó: "Creo que mi amor por los coches, las motos y todas las cosas mecánicas viene a raíz de mi padre. En el pasado, él hacía cosas súper chulas como carreras de motos, pero después de romperse un hueso, lo dejó, y se dedicó a reparar coches. Aún recuerdo ver la firma de "Toriyama Motors" cuando era niño (por desgracia, se quedó sin el negocio muy rápidamente). En cualquier caso, mi padre es un gran fan de los coches y las motos". Así que aquí está el origen de esta fascinación de Toriyama, y añadía: "Mis coches favoritos son los pequeños con grandes curvas. El estilo es todo lo que cuenta, y si encima son rápidos, no tengo quejas". En el volumen 15 expresó su pasión por las motos: "Me encantan las motos todo terreno, las modificadas, las americanas... ¡Todas!"

Veréis una amplia gama de automóviles en *Dragon Ball*, desde grandes coches americanos de los 50, con alerones traseros, hasta coches franceses o pequeñas importaciones italianas. No son un calco de la realidad, pero se acercan lo suficiente como para tomarlos en serio.

En el *Daizenshū 1* Toriyama comenta cómo sus coches tiene un aspecto deformado, pero aun así, reflejan la realidad: "Sí, lo hago así porque si intentas dibujar el diseño del coche completamente correcto, inviertes una cantidad de tiempo absurda. Si no lo dibujas con exactitud, acabará quedando mal en alguna parte de la escena, pero si lo dibujas deformado, no desentonará. Los personajes son humanos pero algo caricaturizados, así que sería extraño si todo lo demás no lo estuviera también."[14]

Meka-entusiasta

Él también es un gran fan del *meka* (メカ, "mecha"), la abreviatura japonesa para la palabra inglesa "mechanical". Es un término pegadizo para las historias de ciencia ficción que muestran vehículos mecánicos o robóticos que pueden ser pilotados por un humano, o seres humanos que experimentan una mejora científica.

Japón es el lugar de nacimiento del *meka*, con sus robots gigantes y trajes móviles, como aquellos representados en *Gandamu* (ガンダム, "*Gundam*", 1979) la ópera espacial de *anime* y *manga*. Hay una industria multimillonaria

---

14   Requiere mucha investigación desentrañar a qué coches hace referencia Toriyama, pero la precisión de sus dibujos hace posible encontrar su fabricación y modelo. Por supuesto, familiarizarse con todo el mundo del automóvil requiere más trabajo. Afortunadamente, mi padre y mi madre crecieron en Detroit, la Ciudad del Motor, así que les pedí ayuda para que identificaran ciertos modelos. También es necesario mucho trabajo para estudiar sus barcos, motos y aviones. Precisé de varios días de continua investigación para encontrarlos, implicando un montón de referencias cruzadas y un análisis de las sutiles diferencias durante años, prestando cuidadosa atención a los vehículos de las películas que él veía.

de maquetas de juguete centrada en *Gandamu* llamada *Ganpura* (ガンプラ, "Gunpla"), un nombre compuesto que procede de *"Gandamu Plastic Model."*

Toriyama creció construyendo maquetas y jugando con *meka* en su edad adulta, por eso vemos referencias en su *manga*.

En el *Daizenshū 1* dijo: "Lo más divertido es inventarse un *meka* original (risas). Los dibujo pensando en cómo podrías meterte dentro, dónde podría colocarse el motor y cosas del estilo. En efecto, cuando dibujas coches o cosas que existen en el mundo real, tienes que comprobar los materiales de referencia cada vez que los dibujas. Pero con cosas que me invento, no tengo este problema, ya que nadie puede reprocharme nada. Como lo he inventado yo, solo puedo decir que está bien como está (risas)."

Introvertido

Toriyama pasa mucho tiempo solo porque es introvertido. Una persona introvertida es aquella que saca más beneficio de la soledad que de la gente que tiene a su alrededor. Con ellos mismos ya se sienten cómodos y enérgicos, mientras que con la gente se sienten mermados. Como consecuencia, pasan tiempo en su mundo, explorando sus pensamientos y sentimientos, haciendo manualidades, filosofando, creando poesía o expresiones similares mientras son absorbidos por su trabajo.

Toriyama habla de su personalidad introvertida cuando escribió un *manga* autobiográfico para el *Daizenshū 1*. Junto a las ilustraciones decía: "No me gusta mucho la gente y socializar es realmente horrible. Más allá de mi familia, amigos y las personas relacionadas con mi trabajo, no creo que quiera conocer a nadie". Eso una declaración muy fuerte. Afirma que excepto aquellas personas que ya conoce o con las que trabaja, no quiere saber nada de nadie más.

A menudo experimenta este conflicto en su profesión porque para hacer su trabajo, tiene que adentrarse en la sociedad y viajar a la ciudad. Continúa diciendo: "Incluso un paleto como yo ha tenido que acabar viniendo a Tōkyō tres veces este mes. Buuufff... perdón... odio que en la ciudad haya tanta gente".

Al igual que un ermitaño, percibe a la gente como algo molesto y prefiere vivir tan lejos como sea posible de ellos: "Siempre he vivido en el campo, después de todo. Sin embargo, de alguna manera, la gente sigue dejándose caer por aquí, así que tuve que trasladarme a un sitio, más campestre si cabe, para vivir cómodamente".

Sé lo que se siente, ya que estoy bien siendo yo mismo y sin comunicarme con otras personas a la vez. Concretamente, durante el instituto y la universidad, pensaba en marcharme a un templo para aislarme de la sociedad, debido a mis conflictos sociales y emocionales. Al ser un tipo sensible, los encuentros desagradables me remordían la conciencia durante días, y pensaba: "¡La gente es lo peor!" Sin embargo, salí de mi caparazón, aprendí a ser paciente y compasivo, y ahora disfruto de la compañía de los demás y del beneficio de la conversación. Aun así, en general prefiero estar solo. Es ese equilibrio entre pasar un largo período de tiempo solo, focalizado profundamente en mi trabajo, combinado con la interacción con otras personas que enriquecen la calidad de mi vida y profesión. Si no fuera así, no habría podido escribir este libro, porque requiere miles de horas de profunda concentración. No obstante, funciono bien en sociedad y puedo lidiar con los demás mediante una comunicación directa. Así que, ser introvertido no significa, por defecto, ser tímido o incapaz de hablar con el resto. Sin embargo, Toriyama lucha contra este tipo de cosas porque su introversión va más allá de lo normal.

Cuando empezó en la industria, era más extrovertido, permitiendo que fotografiaran su rostro y siendo abierto con sus preferencias personales. Pero conforme se hizo más famoso, evitaba las entrevistas todo lo posible, no quería aparecer en televisión o en la radio, y sorteaba cualquier asunto que involucrara a otras personas. Eso no quiere decir que no haga más entrevistas, porque ha hecho más de 200, pero normalmente son rápidas, estúpidas y ligeras.

Por eso es tan difícil escribir sobre él. Peor aún, nunca se ha publicado su biografía en japonés o inglés. Lo que estás leyendo justo ahora es lo que más se le acerca. Así que, para comprender a Toriyama tienes que leer todo lo que ha dicho y encajar todas las piezas para formar el puzle.

Quizás te preguntes si Toriyama sufre algún trastorno psicológico como agorafobia (temor a la multitud y los espacios abiertos) o sociofobia (temor a la sociedad o a la gente en general). Nunca se ha confirmado, pero muestra todos los síntomas. Lo comprobamos cuando viajó a Nueva York a finales de 2002 para el lanzamiento de la revista *American Shonen Jump*. Christopher Sabat (nacido el 22 de abril de 1973) es el director de doblaje en FUNimation,[15] la licenciataria americana y la compañía de doblaje inglés de *Dragon Ball*. Él también asistió al estreno, y en una entrevista que data de julio de 2014, grabada para promocionar la película de *Dragon Ball Z*, recordó que Toriyama estaba nervioso y sudando durante el evento, marchándose tan rápido como pudo tras responder las preguntas. Había personas que querían hacerse una foto con Toriyama, pero prefería no ser fotografiado. Por estos detalles se puede apreciar que es capaz de estar rodeado de gente, pero se siente incómodo con la muchedumbre y prefiere estar solo.

---

15   Por su éxito con *Dragon Ball*, FUNimation es el estudio de doblaje *anime* más grande de América del Norte.

Su yo interior es contrario a su yo exterior. Por fuera, vive dentro de su zona de confort y evita a la gente. Dentro de su obra, supera la zona de confort y hace que sus personajes vivan salvajes aventuras, rodeados de cientos de personas alocadas. Así funciona su mente introvertida en el trabajo. Realiza acciones en su historia que son contrarias a sus propias preferencias, solo así puede llevar a los personajes a nuevos horizontes y sorprender al lector. Así que existe una interacción dinámica entre su interior y su exterior, pues en su vida diaria evita a la gente y pasa su tiempo absorbido por los hobbies y ocupaciones artísticas, mientras que dentro de su mente hay un mundo rico, lleno de fantasía, ciencia ficción, robots gigantes y poderes sobrenaturales.

Toriyama es famoso por su arte, no por su personalidad, pero creo que su personalidad introvertida enriquece más su trabajo. Su arte es una expresión de sí mismo, del mundo ideal en el que le gustaría vivir.

Un mundo que a los demás les encanta visitar.

Producto de su entorno

El trabajo de un artista es el reflejo de su mente, y el *manga* de Toriyama es una síntesis de diferentes elementos culturales, porque Toriyama es un compendio de varias influencias culturales. Muchas de las influencias de Toriyama mencionadas anteriormente son el resultado del impacto americano que recibió Japón en el siglo XX, y cómo esa cultura extranjera se mezcló con la cultura tradicional japonesa para crear una sociedad fusionada.

Tened en cuenta lo siguiente. El ejército americano termina la Guerra del Pacífico lanzando las bombas de fisión Fat Man (6 de agosto de 1945) en Hiroshima-*shi* (広島市, "la ciudad de la vasta isla") y Little Boy (9 de agosto de 1945) en Nagasaki-*shi* (長崎市, "la ciudad de las largas y robustas montañas"). La posterior devastación propicia la rendición de Japón el 2 de septiembre de 1945. Las bombas afectaron a la psique de Japón y generaron un fuerte sentimiento contra las bombas nucleares junto a una fascinación por la ciencia y la tecnología. A esto le siguió una ocupación de 6 años y un período de reconstrucción de las tierras japonesas por parte de las fuerzas americanas, ocasionando un influjo de la mentalidad y cultura popular americana.

Toriyama nació 10 años después, a mediados del siglo XX, durante una época de profunda transformación. Japón luchaba por reestablecerse, construyendo su economía, adoptando la democracia, rompiendo con sus raíces imperiales y analizando su extremo militarismo *bushido*.

Miran a América como su modelo. Durante los años 50, América establece el prototipo familiar y las expectativas sociales, y en los años 60, se focaliza en contraatacar la cultura y rebelarse con lo establecido. Toriyama nació en los 50, pero fue un niño de los 60, así que en su mente reside parte de esta contra-cultura.

Las fuerzas militares americanas forzaron una revolución en Japón, apuntando al libre mercado capitalista combinado con una nueva ola de cultura popular, a través de la televisión y el cine. Disney, *King Kong*, los coches clásicos y otras importaciones occidentales fueron el chispazo para la creación casera del *anime* japonés, el *kaijū*, los superhéroes y el *meka* durante su juventud. Estas industrias crearon obras que convirtieron a Toriyama en un libre pensador que amaba la cultura occidental y japonesa.

Mientras esta perspectiva occidental influenciaba Japón, él también crecía en un ambiente con una gama rica de tradiciones y más de 3.000 años de historia, enraizadas en sus religiones. Toriyama nunca ha mencionado sus creencias religiosas, pero la mayoría de los japoneses tienen fe en varios sistemas de creencia sin considerarse religiosos. Es solo parte de su conciencia social. Estos sistemas de creencia son principalmente el budismo y el shintō, con algo de confucionismo.

El shintō (神道, "el camino de los dioses") es el sistema de creencia nativa de Japón, un desarrollo de las creencias chamánicas que se han mezclado con el taoísmo chino, el budismo y el confucionismo durante milenios. Los tres se fusionan en un credo colectivo llamado *shinbutsu shūgō* (神仏習合, "la combinación de *kami* y Buddhā").[16] Las creencias no compiten entre sí. Una familia puede tener un altar budista, un santuario shintō y un lugar para venerar a sus ancestros en la misma casa. Si creciste en Japón durante mediados del siglo XX, al igual que Toriyama, esto parece lo normal. Toriyama no habla mucho en sus entrevistas sobre su experiencia con la cultura japonesa cuando era niño, pero está claro, viendo su obra, que lo comprende bien. Sin duda, asiste a las ceremonias *matsuri* (祭, "festival" o "vacaciones"), como los festivales *bon* (盆, "día de veneración a los ancestros") y *sakura* (桜, "flor de cereza"). Otras formas de cultura tradicional incluirían el teatro *kabuki* (歌舞伎, "canción, baile y destreza"), la danza *nō* (能, "habilidoso"), la danza cómica *kyōgen* (狂言, "palabras locas") y las actuaciones *bunraku* (文楽, "arte del titiritero"). Cientos de *matsuri* se celebran cada año en honor a las creencias shintō, budistas, o confucianas. Sospecho que esta es la razón por la que él es capaz de representar tantos elementos culturales en su obra.

La tradición militar japonesa, y el heroísmo inherente en el *bushido*, influenciaron la cultura popular. El gobierno se esforzó en eliminar las artes marciales del ejército en la Segunda Guerra Mundial para enfocarlas al deporte, convirtiéndolas en algo atractivo para que los jóvenes se

---

16   *Kami* (神, del chino: *shén*, "dios" o "espíritu") son los seres espirituales o esencias de las deidades en el shintō.

interesaran por ellas. Esto produjo un montón de *anime*, películas y programas de televisión de artes marciales, desplegando la idea del hombre que utiliza su mente y su cuerpo para derrotar a los monstruos, ya sea por medios tradicionales o científicos. Toriyama absorbe estas obras durante su infancia, y posteriormente las veríamos en *Dragon Ball*.

No todos los japoneses son tan creativos como Toriyama, pero no se habría convertido en el hombre que es hoy sin la atmósfera en la que se crió. Las influencias de su infancia son el resultado de un período temporal único donde experimentó el multiculturalismo sintetizado en pleno progreso. A cambio, Toriyama canalizó estas influencias culturales en su obra, creando un *manga* multicultural sintetizado que atrae a todo el mundo.

Una profesión artística incipiente

Ahora que hemos establecido las influencias de Toriyama durante su niñez, adentrémonos en su época adolescente.

Estamos en 1971 y Toriyama tiene 15 años. Le encantaba dibujar, por lo que tomó la valiente decisión de apuntarse al "Instituto Técnico Okoshi de la prefectura de Aichi" (Aichiken-ritsu okoshi kōgyō kōtō gakkō, 愛知県立起工業高等学校) en el *dezain-ka* (デザイン科, "curso de diseño"). En Japón hay escuelas técnicas donde los estudiantes se especializan en ciertos campos, como ingeniería o diseño. ¿Por qué especializarse en diseño? El padre, la madre y la hermana pequeña de Toriyama no dibujaban, y sus amigos solo dibujaban *manga* para divertirse, por lo que no le influenciaban lo suficiente como para convertirse en *manga-ka*. El diseño gráfico fue lo que le encandiló, por lo que aprobó el examen de acceso y consiguió entrar.

Sin embargo, no le gustaba la disciplina de la educación

convencional: "Me gustaba dibujar, pero más aún pasármelo bien. Cuando salía del colegio, solía ir a comer fideos, a la juguetería, al centro comercial, a la bolera, a jugar al billar, etc. Nunca me iba derecho a casa". En una entrevista de la revista *Sutārogu* (スターログ, "*Starlog*") en 1980 dijo: "Cuando iba al instituto, estaba en el club de *manga*. Era también el presidente, por lo que merecía la pena". Pero él no hacía lo que tenía que hacer allí. "Lo cierto es que casi nunca leía *manga*, y rara vez lo dibujaba. Nunca terminé ninguno (risas). Así que realmente no puedo decir que hiciera ningún *manga*." Pese a esto, aquí aprendió los fundamentos del arte que él utilizaría durante el resto de su vida.

Pasaron tres años más, y Toriyama se graduó en el instituto con una especialización en publicidad.

Pero tenía un dilema: "Tuve que afrontar la decisión de qué camino tomar, ir a la universidad o conseguir un trabajo".

Toriyama es joven, optimista, inocente y confiado con sus habilidades, y añadía: "Mis padres no estaban de acuerdo, pero no dudé ni un momento al decidir que quería trabajar y que no deseaba estudiar más". Pensaba: "¡Mis dibujos son tan buenos que tendré éxito pronto! Je, je, era muy joven".

Pasaron dos años antes de que consiguiera su primer trabajo, en una empresa de publicidad y diseño en Kyōto (京都, "ciudad capital"). Casi todo su trabajo consistía en tratar panfletos que tenía que ilustrar con objetos o animales, y destacaba: "Había clientes que no tenían dinero para sacar fotografías y hacían peticiones para que representara pollos en las ilustraciones. Cuando dibujaba uno y se lo enseñaba, decían que eso parecía un gallo y que no servía, pues solo vendían pollos (risas)".

A menudo, Toriyama trabajaba horas extra y no regresaba a casa hasta las 2 o las 3 de la madrugada, y como consecuencia, acababa muy cansado y se quedaba durmiendo en la cama hasta tarde. Confesaba lo siguiente: "Era muy astuto y no pasaba nada, pero tenía problemas despertándome por la mañana y siempre llegaba tarde". Llegar tarde no es algo que puedas hacer en ningún trabajo, menos aún en el primero que consigues, y es mucho peor en una compañía japonesa donde esperan que siempre te ajustes a las normas. Y seguía: "Solo llegaba unos 10 o 15 minutos tarde, pero si llegaba tarde tres veces era lo mismo que faltar un día entero. Además, como era una compañía bastante grande, eran meticulosos con el código de vestimenta. Me gusta vestirme a mi manera, así que me regañaban a menudo. En definitiva, no encajaba bien con la sociedad".

Toriyama no quiere ajustarse a la rígida conducta de la sociedad japonesa. Es un artista, alguien que se acuesta tarde, desordenado, y cree que tiene un talento innato. Es justo lo contrario al típico japonés *sararīman* (サラリーマン, "salary man"), hombres formales de negocios que llevan traje y corbata y siguen las órdenes de sus jefes para llevar a casa la paga. Toriyama es un libre pensador y no trata de cumplir las expectativas de la gente. De hecho, lucha para desafiar tus expectativas a cada instante. Todo ese mundo convencional no te hace volar.

Tampoco es un trabajo que impulse tus habilidades creativas, pues recuerda haber dibujado en los panfletos de los grandes almacenes cosas como ropa interior, lencería, ropa de bebé y otros artículos del mundo real. En el *Daizenshū 6* confiesa que se quejaba todo el tiempo: "¿Por qué tengo que dibujar cientos de pares de calcetines?" Su trabajo consistía en dibujar unos calcetines tan atractivos que el lector deseara ir corriendo a comprarlos. Emocionante, ¿verdad?

Su pobre comportamiento en el trabajo hizo que nunca recibiera un ascenso, y llegaba tarde con tanta frecuencia que su prima disminuía. "Cuando comparaba mi prima con la de una chica de la sección administrativa, que acababa de unirse a la compañía, veía que la mía era mucho menor, incluso pese a ser mi tercer año. Pensé que no estaba funcionando, así que dejé el trabajo".

Pero echando la vista atrás, dijo esto sobre la empresa: "Ahora reconozco que es algo que me ayudó porque me permitió ver el sistema laboral desde dentro. Los estudiantes que también son *manga-ka* nunca pueden aprender estas cosas trabajando por su cuenta". De este modo, concluyó en que adentrarse en la mano de obra activa le proporcionó una educación que no podía recibir en la universidad.

No obstante, Toriyama acababa de dejar el mundo laboral y no quería estudiar un grado. ¿Qué iba a hacer entonces?

Probando suerte

Nuestro joven artista necesitaba dinero para poder seguir pasándoselo bien, pero todo lo que sabía hacer era dibujar. Sus padres querían que encontrara un trabajo, pero por la razón que fuera, no podía conseguir uno a jornada completa, por lo que mientras tanto, realizaba diseños a media jornada y trabajos de ilustración, por ejemplo, para panfletos publicitarios.

Nagoya es una ciudad campestre llena de cafés, así que holgazaneaba por allí la mayor parte del tiempo, sin saber qué hacer realmente. Sus padres le daban 500 *yenes* (¥) (~3,70€) como paga diaria, que fulminaba en aperitivos y cigarrillos, pero esto no podía durar para siempre. Estaba deambulando por la vida.

Entonces ocurrió esto: "Un día, mientras estaba leyendo una revista *manga* en un café, vi un artículo sobre un concurso de entregas de dibujo". La revista era *Shūkan Shōnen Magajin* (週刊少年マガジン, *"Revista Semanal Juvenil"*) y la recompensa para el artista ganador era de 500.000 *yenes* (¥) (~3.700€) y una publicación en la revista *manga*.

Toriyama dibujó y dibujó, pero cuando volvió al café y miró la letra pequeña del anuncio... ¡comprobó que se había pasado la fecha de entrega!

El siguiente concurso que había era una broma, así que pensó: "¿Qué tal en la *Shōnen Jump*? Y cuando miré, estaban haciendo justo el mismo tipo de concurso". La recompensa para este era menor, 100.000 yenes (~ 745€), y una publicación en la revista. "Pensé que el premio era un poco escaso, pero decidí enviárselo a ellos".

Este concurso mensual de la *Shōnen Jump* se celebra gracias a Kabushiki-gaisha Shūeisha (株式会社集英社, "Shūeisha Publishing Co., Ltd.", fundado en 1925), la editorial *manga* más grande de Japón, situada en Tōkyō. El concurso se conoce como *Monthly Young Jump Award* y se utiliza como una promoción para encontrar nuevos talentos para la antología *manga* llamada *Weekly Shōnen Jump* (週刊少年ジャンプ, *Shūkan Shōnen Janpu*, cuyo primer ejemplar data del 2 de julio de 1968). Es un compendio de diferentes obras donde se presenta un capítulo de un *manga* junto a muchas otras series, de 10 a 15 títulos *manga* por libro, entre 200 y 400 páginas en total. Millones de estos volúmenes se imprimen cada semana, así que la meta de cualquier *manga-ka* es tener sus creaciones serializadas en este formato para ganar reconocimiento. No todas las obras funcionan bien, pero esta distribución sería lo más parecido a tener un programa de televisión que se emite en prime time en una red más masiva.

Según Toriyama, durante su vigésimo tercer cumpleaños, decidió que inscribirse en este concurso sonaba mejor que encontrar otro trabajo: "¡Quería ganar ese premio! Así que aquella fue la primera vez que dibujé un *manga* de verdad." Este premio en metálico es la razón por la que

Toriyama se convirtió en *manga-ka*.[17]

En 1977 presenta su inscripción en *Weekly Shōnen Jump* con *Awawa wārudo* (あわわワールド, *"Awawa World"*). Es una historia cómica sobre dos *samurais* en el Japón feudal que conocen a un personaje parecido a Superman. Este es el primer ejemplo de lo que llamaría el estilo de fusión *manga* de Toriyama, donde mezcla la cultura japonesa tradicional y la cultura popular occidental para crear historias originales y divertidas.

Awawa wārudo no ganó ningún premio, tal y como apuntó aquí: "Cuando lo envié estaba muy confiado, pero ni siquiera fue elegido para optar al premio. Estaba tremendamente decepcionado, pero sobre todo, estaba enfadado". La confianza juvenil de Toriyama chocó contra la incapacidad de los jueces para reconocer su talento, pero estaba decidido y lo intentó de nuevo al año siguiente. "Tenía confianza en mi arte, así que perder fue realmente frustrante. Lleno de cabezonería, me juré no rendirme hasta conseguir el dinero del premio. Inmediatamente, dibujé mi próxima obra y la envié".

En 1978 volvió a participar con *Nazo no rein jakku* (謎のレインジャック, *"Mysterious Rain Jack"*), una parodia de *Star Wars* caracterizada por alienígenas, *storm troopers*, R2-D2, C-3PO, policías japoneses, animales parlantes, un

---

17   Hay dos categorías que Toriyama toma en consideración para inscribirse en el concurso de *Shūkan Shōnen Magajin*: *Sutōrī manga* (ストーリー漫画, "cómic de historia") y *gyagu manga* (ギャグ漫画, "cómic de humor"). Como regla de oro, un *sutōrī manga* se compone de 31 páginas, mientras que un *gyagu manga* alberga 15 páginas de extensión. Aun así, la cantidad del premio es la misma para ambos, así que Toriyama optó por convertirse en un *gyagu manga-ka*. De esa manera podía recibir el mismo dinero por la mitad de trabajo. Aunque el trabajo fuera la mitad, se le pasó la fecha de entrega, por eso envió su obra a Shūeisha. Si esto no hubiera ocurrido, no habría sido descubierto.

ogro japonés del trueno que daba el parte del tiempo en TV y un protagonista que se parecía a Clint Eastwood (nacido el 31 de mayo de 1930) en la película *Harry el Sucio* (1971).

Esto tampoco ganó ningún premio. Quedó eliminado al ser una parodia de un trabajo ya licenciado. ¿Qué ocurre con estos jueces? ¿No reconocen a un genio cuando lo ven?

Toriyama estaba desanimado. Habían pasado cuatro años y medio desde que se graduara en el instituto y, hasta entonces, todo lo que había conseguido era trabajar en una compañía en la que dibujaba calcetines y enviar a un concurso de *manga* dos obras que fracasaron.

Lamentaba su suerte y estaba cansado de ella. ¿Quizás debía ir a la universidad? ¿Buscar un trabajo de verdad donde se viera forzado a llevar traje? Estaba inseguro de sí mismo. Sin embargo, todo esto estaba a punto de cambiar.

"Recibí la llamada de un ángel".

Torishima Kazuhiko

La voz al otro lado del teléfono le dijo: "Puede que prometas. Dibuja algunas páginas más y envíamelas directamente a mí".

Era Torishima Kazuhiko (鳥嶋 和彦, "príncipe tranquilo de la isla pájaro", nacido el 19 de octubre de 1952), un editor de la *Weekly Shōnen Jump* de Shūeisha, en Tōkyō. Lleva en Shūeisha desde que se graduó en el prestigioso Keiō Gijuku Daigaku (慶應義塾大学, "Universidad de Keiō") en 1976.

¿Qué tipo de hombre es? Torishima-*san* recuerda cómo se convirtió en editor en una entrevista de 2007 para la revista alemana *Tokyopop*, durante la Feria del Libro en Leipzig: "Es una historia divertida porque, por supuesto, no puedo decir que siempre había sido mi sueño. Tras mis estudios pensé en lo que quería hacer en general y luego creé una lista de cosas que hago mejor que otras... Al final, de lo único que estaba seguro era de haber leído más libros que otras personas de mi edad. Por tanto, podía convertirme en autor o editor". Dijo que ser "autor" no era una opción: "Ese tipo de personas tienen que aprender mucho y recordar todo tipo de cosas desagradables, mientras que a mí se me olvidaba todo después de tres días".

Solicitó un trabajo como editor y escribió una historia de humor durante el examen escrito, basada en un juego de palabras entre "jeans", "genes" y el nombre de una antigua reina japonesa. Y añadía lo siguiente: "Aparentemente, era tan gracioso que otros examinadores me pidieron que se lo recitara también. De 5.000 solicitantes, solo 14 fueron escogidos. Afortunadamente, estaba entre ellos... Luego fui asignado en la *Weekly Shōnen Jump*. Realmente quería editar libros de arte o la *Playboy*." Sonrió, aunque dijo esto porque la *Playboy* tenía los mejores editores y la edición japonesa incluía una novela serializada. ¿De verdad, Torishima-san, que esa era la única razón?

Torishima-*san* se parece mucho a Toriyama en lo que respecta al trabajo. Ninguno de ellos tenía el sueño vital de trabajar como creadores profesionales de *manga*, pero ahí están pese a todo. Por aquel entonces, había sido editor durante dos años y solo era tres años mayor que Toriyama, pero era su superior y el que decidía qué trabajo se publicaba y cuál no. Sus palabras tenían un gran peso.

Abriendo la puerta

Si el *manga* de Toriyama fue rechazado, ¿por qué recibió esta llamada entonces? Torishima-*san* recordaba esto en su entrevista para Kazé (2014): "Tenía 25 años y todos los meses la revista *Jump* recibía trabajos de jóvenes *manga-ka*. Esto aún funciona así. Cada mes, uno de nosotros tenía que elegir un autor joven y llevarlo consigo para involucrarlo en el medio. La solicitud de Toriyama coincidió con el mes que tenía que elegir yo. Recibimos entre 100 y 150 candidatos mensuales. Era el empleado más joven en aquella época. Leí todos los trabajos que recibimos ese mes y el suyo fue el que captó mi atención."[18]

¿Por qué? en el *Daizenshū 1* explicó: "El primer manuscrito que Toriyama-*kun* me envió fue una parodia de *Star Wars*. Las parodias no podían ganar ningún premio monetario. No son originales y es difícil publicarlas, pero su caligrafía me dejó una impresión inusual. Los *kakimoji* (描き文字, "efectos de sonido" o "onomatopeyas") se dibujan normalmente en *katakana*, pero los había dibujado con letras del alfabeto *rōmaji*. Pensé que aquello era extraordinariamente novedoso, revolucionario, y bastante guay. Así que contacté con él."

Lo que más importó no fueron las ilustraciones o bromas de Toriyama. Fue su uso del inglés, en lugar del convencional *katakana* japonés, lo que llamó la atención del editor. El uso del *rōmaji* por Toriyama se debe, probablemente, a su continua absorción de películas y cultura occidentales mediante la televisión. Su estilo es lo suficientemente diferente a otras propuestas como para hacerlo destacar, y este pequeño detalle de su *manga* es lo que le abre las puertas.

Sin este simple matiz no existiría Akira Toriyama, el *manga-ka* mundialmente famoso, ni tampoco *Dragon Ball*.

Toriyama siente la esperanza.

Al igual que alguno de sus personajes de artes marciales en *Dragon Ball*, trabajó con gran intensidad para mejorar

---

18   Kazé es un licenciatario francés de *Dragon Ball*. En 2014 publicaron una entrevista de siete partes a Torishima-*san* con su lanzamiento en Bluray de *Dragon Ball Kai* (2009). Aquí está la primera parte de un total de siete, de la cual cité sus recuerdos al descubrir a Toriyama: *https://youtu.be/ju2WjBTCllc*

su destreza, comentando lo siguiente: "Empecé dibujando y enviando algunas páginas, pero no tenía ni idea de cómo dibujar *manga*, así que cada una de ellas era rechazada. Era como si, cada vez que dibujaba, aprendiera gradualmente a hacerlo".

Toriyama estaba viviendo con sus padres, no tenía dinero y pasaba todo su tiempo dibujando *manga* para impresionar a su editor en Shūeisha.[19] En *Tetsuko no Heya* (1983) recuerda: "Estaba sin trabajo, así que le solía pedir a mi madre 150 yenes para comprar cigarrillos o 200 yenes para ir al café."

Toriyama también recuerda en la entrevista de la revista *Terebaru* (1986): "Unas 500 páginas de bocetos habían sido rechazadas por los editores antes de que debutara... Me deprimía mucho cuando estos bocetos eran rechazados, pero pude sacarles provecho después."[20] En *Tetsuko no*

---

19   Torishima-*san* profundizó en su entrevista para Kazé en lo impresionado que estaba por las entregas de Toriyama. "Mi *senpai* (先輩, "empleado avanzado") elegía los autores en los que más creía, pero yo me quedé con mi elección. La razón por la que le elegí fue por lo limpio que lucía su trabajo. Los jóvenes autores a menudo utilizaban el corrector en exceso en sus hojas. Sin embargo, las hojas de Toriyama no tenían señal de haber sido corregidas. ¡Estaban limpias! En segundo lugar, sus hojas eran únicas. A lo que me refiero con eso es el *kakimoji* ("efectos de sonido"), o como se conocen también, onomatopeyas. Normalmente se escriben en japonés, pero con Toriyama, todo el *kakimoji* estaba en alfabeto latino y no en *kana*. En aquella época, era innovador. Era precioso. Eso fue lo que me chocó. Así que le hablé al equipo editorial sobre mi elección. Así me convertí en su editor. Primero envié un telegrama a Nagoya que rezaba: "Tiene talento. Llámeme rápido. Firmado: Torishima". Así es cómo comenzó mi relación". Según Torishima-*san*, primero le envió un telegrama, y esto desembocó en su llamada telefónica.

20   Entrevista de con *Terebaru* (1986): *http://www.furinkan.com/ takahashi/takahashi4.html*

Heya también dijo: "Realmente, creo que durante esa época mis habilidades estaban mejorando, y de manera veloz."

Pero Torishima-*san* no es el tipo de maestro que anima a su discípulo con halagos. Al contrario, Toriyama recuerda que le decía cosas como: "Esto no está bien. No es para nada atractivo. ¿Por qué no dibujas algo más interesante?" Actuaba como un estricto maestro *gōngfu*. En lugar de dar la mano a su discípulo y enseñarle cómo mejorar, le forzaba a pasar por lecciones dolorosas hasta que se auto-iluminaba y se encontraba con el nivel excelso del maestro. Toriyama apuntó: "Soy el tipo de persona a la que no le gusta perder, así que él me repetía constantemente que mi trabajo no era interesante, me enfadaba, y lo dibujaba de nuevo para entregarlo después."

Continuó con este exhaustivo esfuerzo durante 3 meses: "Y después de un tiempo, llegó mi debut."

El debut de Toriyama

Toriyama se estrenó en el número 52 de *Weekly Shōnen Jump*, allá por 1978, con su primera obra *manga* titulada *Wandā Airando* (ワンダー・アイランド, "*Wonder Island*").

Era un *yomikiri* (読み切り, "one-shot", una historia de un solo capítulo) sobre un piloto ex-*kamikaze* de la Segunda Guerra Mundial que se estrelló en el Océano Pacífico en 1944 y llegó hasta la costa de Wonder Island.[21] La historia revela sus hilarantes intentos para volver a casa involucrando a un troglodita, un dinosaurio, un hada,

---

21 *Kamikaze* (神風, "viendo divino") es un término para los pilotos suicidas de las fuerzas aéreas japonesas de la Segunda Guerra Mundial que volaron sus aviones contra embarcaciones navales. El piloto ex-*kamikaze* de Toriyama fracasa en esta misión.

un vampiro, un ángel, una bruja, un gorila y una poción mágica que le transforma en gallina.

Es original, pero desafortunadamente fue el *manga* menos popular en la encuesta de la revista. Torishima-*san* recuerda este momento en la entrevista de *Tokyopop*, diciendo: "Un total de 14 lectores le votaron, así que nadie del departamento editorial creyó en él". Esta revista tiene millones de lectores, por lo que conseguir 14 votos pintaba tan mal como parece. Toriyama se recuerda como "el último de la fila".

Esto no marchaba como quería, pero por fin había publicado algo, y eso le motivaba. Continuó trabajando duro en su oficio y Torishima-san le ofreció una segunda oportunidad porque creía en su potencial. "Pensé que su estilo era revolucionario. Hizo algo nuevo que no se había hecho jamás en *Shōnen Jump*. También tenemos el mismo tipo de humor y compartimos las mismas opiniones sobre los componentes del buen entretenimiento. Así que, no se trataba de convencer al resto del equipo editorial, sino de sacar lo mejor del ilustrador."

El segundo capítulo de *Wandā Airando* se publicó en un ejemplar especial de *Weekly Shōnen Jump* el 25 de enero de 1979. Este capítulo mantenía al troglodita de la primera entrega, policías que reutilizaría en trabajos posteriores, otro personaje parecido a Harry el Sucio, el androide C-3PO de *Star Wars* en un barco, Tetsuwan Atomu, King Kong, Gojira, Urutoraman, la Estatua de la Libertad y el dragón *kaijū* de tres cabezas llamado Kingu Gidora (キングギドラ, "King Ghidorah"). Su humor era excéntrico y rebosante. Echando la vista atrás a este trabajo, podemos ver que Toriyama adoptaba diferentes elementos que le gustaba ver en TV, mezclándolos y enredándolos en una expresión única para el disfrute de la gente.

Torishima-*san* desarrolla este aspecto del trabajo de Toriyama en la entrevista para Kazé: "Una de las grandes peculiaridades de Toriyama como artista *manga* era que nunca había leído mucho *manga*. Era un artista sin interés en otras obras. Incluso yo, antes de empezar en los negocios editoriales, no conocía *Shōnen Jump* y nunca había leído *manga*. ¿Qué podría ocurrir si un editor que nunca ha leído *manga* y un artista que no está interesado en ello se unieran? Pues bien, esto da como resultado un *manga* fuera de toda norma. La ventaja era, sobre todo, que se creó un *manga* libremente. Y por este motivo, su obra ofrecía algo completamente nuevo."[22]

Desafortunadamente, a los lectores esto tampoco les gustaba. Aunque se tomó un respiro cuando Torishima-*san* le ofreció la oportunidad, tuvo dos fracasos seguidos. Las cosas no iban bien. Torishima-*san* recuerda la razón en su entrevista de Kazé: "Él nunca había escrito ningún *manga* antes de que seleccionara sus manuscritos. Se inspiraba a la hora de escribir *manga* pero no sabía cómo hacerlo. Yo solo tenía dos o tres años de experiencia. No sabía cómo hacer *manga* y menos aún cómo hacer uno bueno. Durante años, como editor, analicé en profundidad el arte del *manga*."[23]

---

22   Parte 6 de la entrevista de Kazé a Torishima-*san*: *https://youtu.be/Jd0ocHDfYgg*

23   Parte 2 de la entrevista de Kazé a Torishima-*san*: *https://youtu.be/pVdJ41YJDMs*. Afirma que el camino normal para convertirse en un *manga-ka* difiere del que siguió Toriyama. "¿Qué tiene que hacer un amateur para conseguir una publicación serial? Normalmente, el artista consigue que publiquen su trabajo en un libreto extra (junto a la revista principal), y luego en una revista para jóvenes *manga-ka*. Cuando los directores de la editorial empiezan a percatarse del nombre del artista, le hacen dibujar guiones gráficos para la serialización, y si los aprueba, su trabajo es publicado en la revista". Toriyama se saltó todo esto, y en lugar de ello, envió sus borradores terminados a su editor. La mayoría fueron rechazados, pero unos pocos fueron publicados. No fueron populares, así que aprendió a mejorar su destreza mediante pruebas de fuego hasta que encontró el éxito.

Toriyama continuó trabajando en su oficio y entregaba más *manga* por publicación, pero acababan siendo rechazados. No tenía mucho dinero, pero una cuantiosa determinación. Toriyama creía que se convertiría en un exitoso *manga-ka*.

Cuatro meses después, el 20 de abril de 1979, consiguió publicar otro *yomikiri* titulado *Honjitsu no hairai-shima* (本日のハイライ島, "*Today's Highlight Island*"). Trataba de un jovenzuelo que, por un dolor de muelas, acudió a un doctor con forma de cabra para solucionarle el problema. Pero en lugar de arreglarle el diente al muchacho, como haría cualquier doctor, realizó experimentos estúpidos que no consiguieron aliviarle. Tuvo una mejor acogida que *Wandā Airando*, pero tampoco recibió ningún capítulo más.

Torishima-*san* aún creía en el potencial de Toriyama y le dejó la puerta abierta para futuras entregas. Toriyama consiguió publicar después otro *yomikiri* llamado *Gyaru keiji tomato* (ギャル刑事トマト, "*Tomato, Girl Detective*", el 15 de agosto de 1979). Por petición de Torishima-*san*, esta obra estaba protagonizada por una inocente y guapa heroína llamada Akai Tomato (赤いトマト, "Tomate rojo"). El primer día de la joven en la policía, metió la pata al intentar capturar a un villano.

¡Este *manga* fue un éxito! Por primera vez, la puntuación de los lectores fue buena, y Torishima-*san* estaba feliz. Recuerda en su entrevista de Kazé: "Al final le llevó unos dos años hacerse un nombre para finalmente publicar de manera serializada. Esos dos años fueron el límite que se había propuesto. Había prometido a sus padres que abandonaría este camino para intentar convertirse en *manga-ka* si no lograba hacerlo en dos años". Así que si Toriyama se hubiera rendido antes de la última línea de meta, nunca habría logrado el éxito. Es el poder de su determinación.

Esto marcó el punto de inflexión de su carrera profesional. Ahora sí era considerado un talento prometedor.

Un éxito imparable

¿Qué ocurre cuando combinas el cine japonés de monstruos gigantes, superhéroes disfrazados y hombres artificiales con el cine occidental lleno de alienígenas, héroes aventureros y animales parlantes? ¿Y si a eso le sumamos la acción gōngfu de Hong Kong, la tradición cultural, la comedia circense y una pizca de perversión? La respuesta es Akira Toriyama.

El joven Toriyama comenzó absorbiendo la obra de Tezuka y la de otros *manga-ka*, mientras jugaba en el campo y su corazón era libre. Más tarde, disfrutaría de incontables horas de cine y televisión, mezclándolo todo en un guiso cultural. Cuando tuvo la oportunidad de ganar un premio en metálico, fue a por ello. Para crear su *manga*, se remitió a sus años de infancia, combinándolos con parodias humorísticas que le abrieron la puerta laboral. Esto le impulsó hacia un camino que algún día cambiaría la vida de millones de personas.

Toriyama descubrió que por sus fracasos mejoró sus destrezas, comprendiendo los deseos del lector. Se preparó para el mundo real: "Tras estudiar un año, me convertí en un profesional. Incluso ahora, estoy muy agradecido a Torishima-*san*."

Toriyama consiguió reconocimiento y la oportuni¬dad de expresarse mediante el arte para vivir. Su renovada confianza le motivó para crear un arte cómico que dominaría el panorama del *manga* en los 80, catapultán¬dole a la fama y la fortuna.

Veamos cuán alto puede alzarse esta estrella.

Estrella en alza

¿QUIÉN ES EL *manga-ka* más influyente con vida?

Según una encuesta del 2010,[1] es Akira Toriyama.

¿Quién es el *manga-ka* más famoso de la historia?

Según una encuesta del 2014,[2] Toriyama se sitúa en tercera posición, tras el segundo lugar de Fujiko Fujio (los dos creadores de *Doraemon*)[3] y la primera posición de Tezuka Osamu.

¿Cómo puede ser esto?

La respuesta yace en el resto de nuestra historia.

---

1   Toriyama se coloca como el segundo *manga-ka* más influyente de la historia después de Tezuka Osamu, según una encuesta realizada a 841 japoneses, desde adolescentes hasta adultos de 40 años, a través de Orikon Kabushiki-gaisha en 2010: *http://www.siliconera. com/2010/07/17/the-top-ten-manga-ka-that-changed-manga-history/* y *https://web.archive.org/web/20100717193946/http://www.oricon.co.jp/ news/ranking/78202/full*. Esto convierte a Toriyama en el *manga-ka* con vida más influyente.

2   Toriyama se sitúa en tercera posición como el *manga-ka* más famoso de la historia, según una encuesta realizada por Kabushiki-gaisha Enu Ti Ti Dokomo (株式会社NTTドコモ, "NTT Docomo"), el operador de telefonía móvil más grande de Japón. De un total de 24.420 votos, Toriyama recibió 3.704: *http://web.archive.org/web/20151106132507/ http://ranking.goo.ne.jp/ranking/category/999/faction_2I3aue0ReKY7_ all/*

3   Fujiko Fujio (藤子不二雄) era el pseudónimo de estos dos escritores *manga*: Fujimoto Hiroshi (藤本 弘, 1 de diciembre de 1933 – 23 de septiembre de 1996) y Abiko Motoo (安孫子 素雄, nacido el 10 de marzo de 1934). Su creación, *Doraemon*, es un famoso *manga* y *anime* que trata de un gato robótico que viaja al pasado para ayudar a un jovencito. Este gato es un icono en Japón.

Dr. Slump

A finales de 1979, Torishima-*san* sentía que había llegado la hora de que Toriyama comenzara una serie *manga* semanal. También creía que la típica jovencita protagonista que se mete en líos era la fórmula del éxito, así que le comentó a Toriyama que la utilizara para su próximo *manga* titulado *Dokutā Suranpu* (Dr. スランプ, *"Dr. Slump"*).[4]

La historia trata de una niña miope de 5 años conocida como Norimaki Arare (則巻 アラレ, a menudo también llamada Arare-*chan*, アラレちゃん),[5] que afronta la vida con una actitud ingenua e inocente, aunque sea una robot súper poderosa. Su creador, el Dr. Norimaki Senbei (則巻千兵衛), es un genio científico que resulta ser un inepto con las mujeres, y ahora tiene que cuidar de esta chica robótica. Los dos viven en Pengin-*mura* (ペンギン村, "Villa Pingüino"), un pueblo habitado por personajes del anterior *manga* de Toriyama y un nuevo reparto de animales parlantes y personas extravagantes.

La idea de utilizar un personaje femenino como protagonista, en un *manga shōnen* que está dirigido a chicos jóvenes, es atrevida.

Toriyama recuerda esta decisión en el *Daizenshū 4*: "En el caso de *Slump*, antes de empezar la serie dibujé al doctor con la intención de que fuera el protagonista. Sin embargo, Torishima-*san* me dijo que le diera a Arare-*chan* el papel principal, y recuerdo que me resistí: '¿Cómo? ¿Una chica como protagonista?'". Toriyama solo quería que ella fuera

---

4   El título del *manga* de Toriyama es *Dr. Suranpu*, pero de ahora en adelante lo llamaré *Dr. Slump*, igual que hago con *Dragon Ball* en lugar de *Doragon Bōru*.

5   *Chan* (ちゃん) es un sufijo japonés que se refiere, de manera adorable, a hombres jóvenes de tu edad o más mayores. También se puede utilizar para chicas monas como Arare-*chan*.

uno de los muchos inventos del doctor, y ni siquiera tenía la intención de hacerla aparecer de nuevo. Torishima-*san* comentó en su entrevista de *Tokyopop* lo siguiente: "Por aquel entonces, Toriyama rechazaba completamente dibujar chicas, porque la *Shōnen Jump Magazine*, como bien sabe, es una revista leída principalmente por chicos. Pero estaba convencido de que *Dr. Slump* tenía que tener como protagonista a un personaje femenino. Este era el talento oculto de Toriyama. Sus personajes femeninos de apoyo eran simplemente geniales, así que tuve que ingeniármelas y ofrecerle un trato. 'Dibujarás un capítulo con una chica, y si fracasa, no tendrás que dibujar chicas nunca más'".

Toriyama no tenía elección, por lo que aceptó el trato y creó a la protagonista.

El *manga* se estrenó en el número #5/6 de la *Weekly Shōnen Jump*, dentro del ejemplar especial doble de Año Nuevo, en enero de 1980. Su combinación única de humor y artilugios científicos catapultó a la obra y al propio Toriyama al estrellato.

El tomo 1 de la primera edición de *Dr. Slump* tuvo una tirada de 1,9 millones de unidades. El hecho de que Shūeisha invirtiera tanto capital en la impresión y el marketing de este *manga* demuestra todo lo que esperaban vender. Y vaya si lo hizo, teniendo que imprimir incluso más. Las increíbles ventas continuaron con cada volumen sucesivo. Por ejemplo, el tomo 5 de *Dr. Slump* (agosto de 1981) vendió 1,3 millones de unidades y el tomo 6 (diciembre de 1981) se hizo con 2,2 millones de copias vendidas. En total, los 18 tomos de la serie consiguieron vender más de 35 millones de unidades solo en Japón.[6]

Y Torishima-*san* añadía en la entrevista: "¿Qué puedo decir? Tuvimos éxito. La serie consiguió que incluso las

---

6   Cifras de venta de *Dr. Slump* recogidas en 2007 aquí: *http://comipress.com/article/2007/05/06/1923*

chicas leyeran la revista *Jump* (sonríe). Aun así, Toriyama insistió en llamar a la obra *Dr. Slump*. Típico...".[7]

Manga Gyagu

Dr. Slump es el *gyagu manga* (ギャグ漫画, "cómic de risa") por antonomasia. Estamos ante un género *manga* desenfadado, donde el autor hace que sus personajes pasen por situaciones divertidas mientras cuenta chistes por el camino. Toriyama satiriza toda la cultura pop que puede imaginar, desde *Tarzán*[8] hasta el viaje a través del tiempo, desde *Star Trek*[9] hasta *Superman*, con cientos de bromas escatológicas y humor pervertido incluido. Hay carcajadas en cada página y los lectores solo quieren más.

Toriyama es, de raíz, un autor de *manga gyagu*. Solo quiere que el lector se lo pase bien. Es justamente lo con-

---

7   Torishima-*san* se explaya sobre las entregas rechazadas a Toriyama, en la tercera parte de su entrevista para Kazé: *https://youtu.be/ZJeNEJh7tZM*. "Gracias al dinero que Toriyama ganó con *Dr. Slump*, se pudo permitir avanzar. Buceando en sus archivos, encontró unas 500 entregas que le había rechazado desde sus inicios. *Dr. Slump* se creó gracias al ensayo y error constante que realizamos durante aquellas 500 pruebas previas. Lo que me sorprendió de él es que en *Dr. Slump* reutilizó gags de proyectos rechazados, sin notificármelo. Lo supe más tarde".

8   *Tarzán* (1912) es la historia de un joven británico que pierde a sus padres y es criado en la jungla por animales. Hay libros y películas, pero todo comenzó con la novela *Tarzán* de los monos escrita por Edgar Rice Burroughs.

9   *Star Trek* (1966) es una famosa obra de ciencia ficción, la cual ha tenido películas y series de televisión, que cuenta la historia de una tripulación del siglo XXIII, cuya nave vuela por toda la galaxia enfrentándose a alienígenas.

trario al autor de *manga sutōrī* (ストーリー漫画, "cómic de historia"). El *manga sutōrī* es un término acuñado en los 60 para diferenciar al *manga* de las tiras cómicas de los periódicos. Cuentan largas historias con diferentes sagas, como las obras más serias de Tezuka. A mediados de los 80, casi todo el *manga* tenía historias de este tipo, pero *Dr. Slump* albergaba historias breves e independientes. Esto contrastaba con las largas escenas de lucha y los arcos argumentales del *manga batoru* (バトル漫画, "cómics de batalla"), donde *Dragon Ball* es el ejemplo por excelencia.

Tan extraño como pueda parecer en un libro de *Dragon Ball*, si quieres comprender mejor la mente de Toriyama, necesitas leer *Dr. Slump*, pues es el ejemplo perfecto de cómo trabaja un artista en su salsa. No es una serie artificial cuya motivación sea ganar dinero. Es la verdadera expresión de un artista, y por eso tuvo tanto éxito y es representativa de la obra de Toriyama. Por esta razón *Dragon Ball* es tan entretenida. Escribir batallas que sean emocionantes es una cosa, ¿pero hacerlas divertidas al mismo tiempo? Eso requiere talento.

Esta fue la época de su cúspide creativa. Pensad en esto: estaba soltero, vivía con sus padres y trabajaba por su cuenta. El mundo se había dado cuenta de su talento, así que hizo todo lo posible para impresionar a sus lectores y a su editor, asegurándose de que su estrella continuaba alzándose.

Algo sobre Arare

Arare tiene un encanto especial que aman los lectores, una combinación de inocencia, curiosidad e idealismo absurdo. Se convirtió en el icono de una generación que creció con ella en los años 80.

Parte de la razón fue porque Arare es una chica robótica

ultra poderosa, pero también es miope y necesita gafas para ver bien, igual que Toriyama. En *Tetsuko no Heya* (1983) dijo: "Pensé que sería estúpido que un robot llevara gafas, y como no solía haber chicas protagonistas que las usaran, se las puse para darle un trato distinto. No sé si tendrá algo que ver que yo también lleve gafas, pero me parece simpático que muchas chicas las lleven".

Toriyama pretendía que las gafas fueran un *gag* puntual, pues era un suplicio dibujarlas. Sin embargo, los lectores le escribían y le decían que ahora no les suponía tanto pesar llevar las gafas a clase, así que mantuvo finalmente las gafas y se convirtió en una seña de identidad del personaje. Declaró lo siguiente: "Han llegado cartas de lectores diciendo que siempre habían tenido vergüenza de llevar gafas, pero ahora no les importa tanto. Tal cual. Me puso muy feliz recibir estos mensajes". Las gafas suponían un rasgo tan distintivo que cualquier artista o joven cantante de la cultura pop japonesa que llevara unas gafas grandes era comparado con Arare-*chan*. De esta forma, Toriyama no tuvo otra elección que seguir dibujándolas.

Debido a su increíble popularidad, Toriyama recibió cajas llenas de cartas de los fans. Una cantidad abrumadora. Afirmó: "Como mucho, solo podía atender unas 10, así que me preguntaba cómo debería contestarlas todas. Venían todas de golpe en una caja de cartón, algo que me sorprendía. Al principio, decía sin pudor que contestaría los mensajes, por lo que fue duro leerlas todas".

Arare es un ejemplo de cómo Toriyama es capaz de crear personajes memorables que hablan al lector, incluso cuando ni él mismo lo pretende. Hay algo con sus personajes que resuena en nuestros corazones. Por eso los fans conectan con Arare, con Gokū en *Dragon Ball* y con muchos otros. Algunos fans decían en sus cartas que viendo Arare eran capaces de relajarse y olvidar sus preocupaciones académicas. Toriyama creía que todo esto era gracias a la simpleza de sus historias, haciéndolas fáciles de leer y permitiendo al lector evadirse a otro mundo.

Por supuesto, no todo fue gracias a Toriyama. Gran parte del éxito de Arare nació de su editor, Torishima-*san*.

Toriyama y Torishima

La primera vez que Toriyama le lanza a Torishima-*san* la idea de dibujar un *manga* sobre un doctor, el editor le ordenó que incluyera un robot. Toriyama quería que fuera un robot gigante, pero no podía dibujar todo el modelo en las viñetas del cómic, así que optó por diseñar un robot pequeño. Torishima-*san* rechazó la idea, así que Toriyama lo transformó en un robot chica para que pensara que era "adorable". Torishima-*san* lo aprobó y el personaje se convirtió en un éxito.

Este fue uno de los innumerables conflictos creativos entre Toriyama y su editor, los cuales continuarían por el resto de sus vidas. Casi cualquier idea que tenía Toriyama, primero era rechazada por Torishima-*san* y luego modificada muchas veces antes (y a veces durante) de la historia, con el objeto de hacerla más de su agrado. Aunque había ocasiones en las que Toriyama ganaba o sus ideas eran aceptadas al momento.

Toriyama le debía a Torishima-*san* un montón y respetaba sus opiniones profesionales. Después de todo, sin su editor él no habría llegado hasta allí. Sin embargo, discutían todo el rato, dentro y fuera del estudio.

Por ejemplo, una vez discutieron porque Toriyama no quería incluir una foto de sí mismo en su *manga*. La costumbre que tiene Shūeisha con todos los *manga-ka* de la *Shōnen Jump* es que publiquen sus obras en formato *tankōbon* con su fotografía.

Toriyama se negó. Es tímido y prefería mantener su rostro velado por el misterio, hasta el punto de dibujarse a sí mismo con mascarilla, envuelto como una momia o como si fuera un pájaro. ¿Por qué un pájaro? La partícula *tori* (鳥) del nombre de Toriyama significa pájaro, así que decidió que en lugar de dibujar su propia cara en los tomos, se dibujaría como un pájaro antropomórfico sosteniendo una pluma. En ocasiones, llevaba ropa humana y una llave para dar cuerda en la espalda.

Torishima-*san* se enfadaba con él y convertía sus peticiones en órdenes. Toriyama no cedía y el problema desembocó en unas líneas de su contrato donde se le exigía que debía proporcionar una fotografía. ¡Toriyama aceptó enviar la fotografía, pero sería un documento que jamás podrían publicar! ¡Torishima-*san* no paraba de gritarle que mandara lo que mandase, lo iban a imprimir!

Envió una fotografía de sí mismo orinando en un retrete. Lo mandaron a imprenta.

Este es el tipo de relación de la que estamos hablando. Dos personas con diferentes mentalidades sobre cómo se supone que se deben hacer las cosas, pero con un objetivo común.

Toriyama le quitaba hierro al asunto muchas veces, mostrando versiones caricaturizadas de Torishima-*san* que le gritaban al retrato de Toriyama. Pintaba a su editor como alguien controlador, capaz de descartar rápidamente sus ideas, asociándolo con el lema *"Botsu"* (ボツ, "Rechazado").

En resumen, Toriyama tuvo un jefe muy duro. ¿Y qué hizo? Como cualquier buen artista que está sufriendo, lo utilizó para inspirar su arte. ¡Torishima-*san* se convirtió en el villano Dr. Mashirito (博士マシリト), el archienemigo de Dr. Slump y un hombre destinado a *controlarlo todo*!

Fíjate que Mashirito tiene la misma pronunciación silábica que Torishima, pero con el orden del *kana* invertido. Tan irónico como suena, Torishima-*san* lo aprobó y se mandó imprimir.

El editor recuerda la creación de este personaje en la entrevista de *Tokyopop*: "Ja, ja. Bueno, casi todos los días debatíamos sobre qué era un buen villano, ya que había rechazado la sugerencia inicial de Toriyama. Mi opinión era que debería ser un "Emperador Nerón",[10] una persona que disfrutara con el sufrimiento de los demás. Le sugerí que pensara en alguien verdaderamente malvado, alguien que le sacara de quicio... Parece que pensó en mí, y mandó el trabajo tan tarde que no me dio tiempo de cambiarlo". Así que fue una venganza de Toriyama, pero el editor añadió: "Tenía que ser capaz de soportar cosas así, especialmente cuando el resultado era algo tan bueno. Como buen editor, no debía forzar nada por encima del autor, sino reconocer su potencial y liberarlo de alguna manera".

Toriyama recordaba su relación con gratitud en el *Daizenshū 4*: "En mi *manga*, si hubiera mostrado con fuerza todos mis gustos, no habría sido tan popular, pues es difícil mantener las cosas con moderación. En otras palabras, los éxitos de *Dr.Slump* y *Dragon Ball* fueron trabajos que dibujé mientras suprimía mis propias preferencias. Realmente se lo tengo que agradecer a Torishima-*san*, mi editor en aquella época".

Ahí dejaba claro que si hubiera publicado sus propios vicios artísticos, la calidad de su trabajo no habría sido tan grande, pues fue regulada por la visión de un editor. Necesitaba a un hombre como Torishima-*san* para restringir su creatividad salvaje, para dar forma a su obra, aportarle la dirección correcta y hacerla mejor.[11] Torishima (鳥嶋)

---

10   Nerón (*Nero Claudius Caesar Augustus Germanicus*, 15 de diciembre del año 37 – 9 de junio del año 68 D.C.) fue un emperador de Roma famoso por torturar y ejecutar a infinidad de personas, incluyendo a su propia madre. Cuando Torishima-*san* pidió a Toriyama que pensara en alguien tan malo como Nerón, el editor le vino a la cabeza. El resultado fue el Dr. Mashirito.

11   Con lo de "hacerla mejor" quiero decir que Toriyama va siempre a contracorriente, haciendo las cosas menos interesantes de lo que

significa "Isla Pájaro", así que cuadra con que Toriyama confiara en Torishima-*san* como mentor y editor, como una isla alegórica en la que situar su propia "Montaña Pájaro".

Por encima de todo esto, Torishima-*san* enseñó a Toriyama cómo escribir profesionalmente un *manga*. Toriyama lo sacó a relucir en su entrevista con *Terebaru*: "El primer editor siempre ejerce un impacto que permanece en el tiempo. En mi caso, el impacto radicaba en "escribir *manga* que fuera fácil de comprender".

Tanaka Hisashi

La aceptación de Toriyama en el sagrado hall de Shūeisha como un autor serial hizo que se ganara un asistente, el joven de 21 años Tanaka Hisashi (田中久志, nacido en abril de 1959).

Toriyama adoptó un enfoque poco ortodoxo para convertirse en *manga-ka*. En lugar de buscar formación, se enseñaba a sí mismo todo lo que tenía que saber. Prefería hacer las cosas por sí mismo, pero entonces llegó ese asistente. Un *manga-ka* suele tener 4 o 5 asistentes para conseguir afrontar la entrega semanal, pero Toriyama no quería mucha gente alrededor, por lo que limitó la ayuda a tan solo esa persona e hizo la mayor parte del trabajo solo.

Como consecuencia, Toriyama nunca había trabajado tan duro en su vida. En *Men's Non-No* dijo lo siguiente: "Antes de empezar la serie, me apresuré a dibujar dos capítulos que merecieran la pena, pero al tener tan pocas páginas terminaron publicándose juntos y me quedé sin stock (material preparado de antemano). Ese fue el

---

la gente espera. Torishima-*san* rechazaba sus ideas y las remodelaba en pos del gusto del lector.

comienzo de mi infierno... De todas maneras no podía dormir. En el peor de los casos, me quedaba despierto toda la noche durante cuatro días, durmiendo solo 20 minutos, y después me quedaba despierto otros tres días. El estilo de *Dr. Slump* consistía en que cada capítulo tenía que ser autoconclusivo, así que tenía que ingeniarse nuevos chistes e historias todo el tiempo, algo que resultaba duro".

El joven Tanaka-*kun* trabajaba para un Toriyama de 25 años, mientras que Toriyama lo hacía para un Torishima-*san* de 28. Eran hombres jóvenes que escribían *manga* para chicos jóvenes, así que se lo pasaban bien y el trabajo duro se acababa compensando.

La Estrella Naranja se levanta

A finales de 1980, los lectores de la *Weekly Shōnen Jump* votaron en una encuesta para elegir a sus autores favoritos. Por primera vez en su carrera, Toriyama se mete en el top 10.

Como resultado de trabajar en Shūeisha, a Toriyama se le concedió la oportunidad de conocer a su ídolo de la infancia, Tezuka Osamu. En un momento extraño para Toriyama, fue invitado a una fiesta y aceptó. Se trataba del debut del artista *manga* Araki Hirohiko (荒木 飛呂彦, nacido en 1960), que ganó la segunda plaza en el Tezuka-*shō* (手塚賞, "Galardón Tezuka") por debutar con su *manga Busō pōkā* (武装ポーカー, "*Armed Poker*", 1981). Hirohiko fue, más tarde, el creador del famoso bestseller *JoJo no Kimyō na Bōken* (ジョジョの奇妙な冒険, "*JoJo's Bizarre Adventure*", 1987). El famoso *Dr. Slump* de Toriyama fue el ticket que le permitió entrar allí, codeándose con los *manga-ka* más famosos del mundo.

Conforme escribía *Dr. Slump*, decidió crear otro *manga yomikiri* llamado *Pora ando Roido* (ポラアンドロイド, "*Pola*

& *Roid*"), publicado en marzo de 1981 en la *Weekly Shōnen Jump* #17. El nombre venía de la famosa cámara de vídeo Polaroid y contaba la historia de un joven taxista espacial llamado Roido, que aterrizaba en un planeta y luchaba contra un rey alienígena gracias a la ayuda de una astuta chica llamada Pora. Con este *manga*, Toriyama ganó el premio *Readers Award* y un viaje a Suiza. Se ganó las vacaciones con esfuerzo.

En 1981, *Dr. Slump* se colocó de nuevo en el top 10, ganando el 27º Shōgakukan *Manga-shō* (小学館漫画賞, "Galardón *Manga* Shōgakukan) al "mejor *manga shōnen/ shōjo* del año."[12] Este prestigioso premio anual se empezó a otorgar en 1956 y suponía un gran honor recibirlo. Sorprende especialmente que Toriyama lo ganara tan rápidamente en su carrera, dada su temprana edad y que no se dedicaba al mundillo anteriormente.[13] Pasó de ser un renacuajo en un estanque a ganarse el honor más grande de la industria y ser reconocido como una grandísima estrella. ¿Y qué le pareció? En *Tetsuko no Heya* dijo: "Realmente me hizo feliz". Igualmente, en el ejemplar *Dragon Ball: Bōken Special* recordó que el momento más especial de su vida fue cuando su *manga* se convirtió en un éxito y finalmente le pudo dar de comer.

Huelga decir que Toriyama ya no necesitaba coger prestado el dinero de sus padres para ir al café.

————————

12   El *shōjo* (少女, "chicas jóvenes") es *manga* escrito para chicas jóvenes, equivalente al *shōnen* para los chicos jóvenes.

13   Toriyama no ganó ningún premio destacable tras su prestigioso galardón de 1981 por *Dr. Slump*, a pesar de la increíble popularidad de su trabajo. Torishima-*san* comentó en su entrevista para Kazé esto: "En Japón le llamamos *mukan no teiō* (無冠の帝王, "el emperador sin corona")". Con lo cual, Toriyama es popular entre la gente, pero no ha recibido el reconocimiento y los premios que quizás debiera tener.

El anime de Dr. Slump

Toriyama recibió una oferta de Tōei Animation para adaptar *Dr. Slump* al *anime*. Esta propuesta llegó medio año después del comienzo de la serie, siendo la oferta más rápida que jamás había recibido un *manga-ka*.

La serie se llamaría *Dr. Slump Arare-chan* (Dr.スランプ アラレちゃん) y se estrenaría un año más tarde, el 8 de abril de 1981 en Fuji Terebi (フジテレビ, "Fuji Televisión").[14] La serie se convirtió en un éxito aplastante y dominó las audiencias. Se emitieron un total de 243 episodios y sobrevivió al *manga*, emitiéndose hasta el 19 de febrero de 1986.

La serie fue tan exitosa que Tōei lanzó 5 películas animadas. La primera se tituló *Dr. Suranpu Arare-chan Harō! Wandā Airando* (Dr.スランプ アラレちゃん ハロー! 不思議島, "*Dr. Slump y Arare-chan: ¡¡Hola!! Wonder Island*"). Se estrenó el 7 de julio de 1981 en la Tōei Anime Fea (東映アニメフェア, "Tōei Anime Fair"), un evento anual que tiene lugar desde los años 60 y se celebra en primavera y verano, en varias ciudades de todo Japón, apoyado por un gran esfuerzo de marketing. La película fue un éxito e hicieron una nueva cada año.

El *anime*, las películas y el merchandising que acompañó al *manga* de Toriyama consolidó a *Dr.Slump* y Arare en las mentes de millones de niños, creándose lo que se conoce como "Generación *Dr. Slump*." Crecieron con Arare de la misma manera que los fans de *Dragon Ball* lo hicieron con Gokū.

---

14   Kabushiki-gaisha Fuji Terebijon (株式会社フジテレビジョン, "Fuji Television Network, Inc." o Fuji Terebi (フジテレビ, "Fuji Televisión"), fundada en 1957), es una de las redes televisivas más grandes de todo Japón. Las adaptaciones *anime* de la obra de Toriyama siempre se han emitido en Fuji Terebi.

Merchandising

La máquina de merchandising se puso las pilas para capitalizar el éxito de *Dr. Slump*. Tenías lo que deseabas, desde figuras de acción y muñecos hasta material escolar, mochilas, sombreros, ropa y muebles. A cualquier producto que existiera le pegaban una imagen de Arare-*chan* y se mandaba a las tiendas. Al comienzo de 1983, había unos 800 productos diferentes, añadiéndose más constantemente.

En lo que respecta a la licencia de su obra, dijo lo siguiente en *Tetsuko no Heya*: "Estoy demasiado ocupado dibujando tan solo el *manga*, así que ese tipo de asuntos se los dejo a mi editor, Torishima-*san*." Esto nos muestra su relación empresarial. Toriyama se centra en la creatividad mientras que Torishima-*san* tiene una doble función como agente de negocios.

Aparte de las ganancias, Toriyama recibía muestras de los productos, y llegó a tener tantos que se quedó sin espacio en su casa. Se vio obligado a alquilar una segunda casa para almacenar todo el material. Tenía tanto merchandising de Arare-*chan* que afirmó: "Cuando tenga un hijo no tendré que comprarle material escolar, pero mirando todo esto me siento incómodo".

¿Su solución? Construir una casa más grande.

Matsuyama Takashi

Tras casi dos años en *Dr. Slump* como asistente de Toriyama, Tanaka-*san* fue sustituido por Matsuyama Takashi (まつやま たかし, nacido el 17 de noviembre de 1957).[15]

---

15   Toriyama (鳥山, "Montaña Pájaro"), junto a Torishima (鳥嶋, "Isla Pájaro) y ahora Matsuyama (まつやま, or 松山, "Montaña de

Toriyama sentía afinidad por él porque a ambos les encantaba modelar. Matsuyama-*kun* ganó, desde 1979 a 1989, el *Tamiya Figure Remodeling Award*. Era un concurso celebrado por la famosa compañía de modelaje Kabushiki-gaisha Tamiya (株式会社タミヤ, "Tamiya Incorporada", fundada en 1946) en el que se tenía que remodelar un soldado en miniatura de 5 cm de altura para que pareciera una persona diferente. Así las cosas, tanto él como Toriyama tenían mucho de lo que "frikear".

Matsuyama-*kun* dijo en una página web oficial[16]: "Conocí a Akira Toriyama en 1981... y (más tarde) me uní a su compañía, Bird Studio, como compañero de trabajo y segundo asistente. Me encargaba del dibujo de edificios, del escenario de Pengin-*mura* en *Dr. Slump*, de la casa de Kame-*sennin* o de los fondos de Namekku-*sei* (ナメック星, "Planeta Namek") en *Dragon Ball*." Trabajarían juntos durante los 13 años siguientes.

Bird Land Press

El éxito de Toriyama le convierte en uno de los *manga-ka* más reconocidos de Japón. Se crea un club de fans no oficial llamado Toriyama Akira Hozon-kai (鳥山明保存会, "Preservación Social de Akira Toriyama") al que el autor decide enviar bocetos originales, pegatinas, botones, llaveros y juguetes.

Se hizo tan grande que el 30 de abril de 1982, Shūeisha lo

Pino"). ¿Una isla con una montaña llena de pinos que favorece la vida de los pájaros?

16   La página web oficial de Matsuyama Takashi: *http://art-front. com/*. En /workshop.htm*l* está la cita donde describe su trabajo conjunto con Toriyama. Se desconoce si es un compañero en el sentido estrictamente laboral o solo metafórico.

nombró Toriyama Akira kōshiki fankurabu (鳥山明公式フ
ァンクラブ, "Club de Fans Oficial de Akira Toriyama"), otor-
gando tarjetas de socio para sus más de 10.000 miembros.

En julio de 1982 publicaron su primer ejemplar de una
revista bimestral de 26 páginas donde hablaban de sus
trabajos. Fue llamada *Bird Land Press* (el título se publicó
en inglés), en honor al nombre e imagen de Toriyama.
Un pájaro sosteniendo un lápiz es lo que aparecía en el
primer número, representando a su ídolo. La revista con-
tenía ilustraciones originales, entrevistas sobre la obra
de Toriyama y su vida pública, impresos de su anterior
manga, fotografías de su estudio y su colección de maquetas.

Así que, aparte de la fecha de entrega semanal de *Dr.
Slump*, también dibujaba trabajos originales para esta
revista y proporcionaba contenido que nunca se pudo
encontrar en otra parte. *Bird Land Press* se continuó
publicando durante 5 años hasta otoño de 1987, produciendo un total de 25 ejemplares. Son raras piezas para
los coleccionistas que nunca se han publicado de nuevo
o traducido.

El más rico de Japón

El *Asahi Shimbun* (朝日新聞, *"periódico del sol matinal"*,
fundado el 25 de enero de 1879) es el segundo periódico
nacional más grande de Japón. Cada año publican una
lista llamada "Los más ricos de Japón". ¿Adivinas quién
arrasó en la lista?

Asahi Shimbun publica su informe anual en mayo, cal-
culando las ganancias que abarcan el año fiscal japonés,
desde abril hasta marzo. En 1980 Toriyama ganó 55.410.000

yenes (~418€ al cambio de 2018).[17] Esta cifra se disparó casi por diez en 1981, ganando 539.240.000 yenes (~4.071€) y convirtiéndose en la primera persona más rica de la "otra" categoría, situándose en 35° lugar de todas las ganancias nacionales. Esta categoría abarcaba campos ajenos a los políticos del parlamento, autores, actores y atletas profesionales. Ganaba más que todos ellos, siendo eclipsado únicamente por ejecutivos de compañías y magnates del estado (listados en su propia categoría). Su número 1 continuó en 1982 ganando 647.450.000 yenes (~4.888€), así que tras solo 3 años en Shūeisha ganó 1.242.100.000 yen (~9.377.855€).

¿Cómo puede un joven artista sin carrera hacerse tan rico? Siendo creativo. Es su fama en alza y las ventas del *manga* de *Dr. Slump*, el *anime* y el merchandising lo que llena su cuenta bancaria con montañas de dinero.

Lo curioso es que se mantiene distante a su propia riqueza.

En la entrevista para *Tetsuko no Heya*, la presentadora dijo que su temprana fortuna era impresionante, a lo que Toriyama respondió: "Supongo, ¿no? Bueno, no me puedo imaginar muy bien cosas como el dinero, así que...". La manera en la que lo dijo sonaba como si fuera ajeno a su propio éxito, y las cifras son tan enormes que no terminan haciendo 'click' en su cabeza.

Al vivir en Nagoya, no se da cuenta que su *manga* se está vendiendo de manera exagerada en las ciudades, añadiendo: "En momentos como cuando vine a Tōkyō, observaba las estanterías llenas de mis copias y suponía que se estaban vendiendo realmente bien". Cuando le dijeron que los tomos 1 a 9 de *Dr. Slump* habían vendido un total de 22.480.000 ejemplares, dijo: "¿De verdad? ¿Tantos?".

---

17   La lista de las ganancias de Toriyama publicada por *Asahi Shimbun*: *http://motoken.na.coocan.jp/material/choja/choja_81.html*

En su cabeza no era consciente de que fuera rico y se sorprendía cuando escuchaba estas cifras o se le trataba como una celebridad. Y continuaba: "Después de todo, cuando voy a echar un ojo a las librerías de mi barrio, pienso que simplemente los están vendiendo porque se sienten obligados a hacerlo".

Quizás Toriyama no estaba pendiente de su fortuna porque creció en un seno familiar pobre y campestre, y por tanto valoraba más otro tipo de cosas. Cuando era niño, sus padres no se podían permitir comprarle juguetes, así que aprendió a apreciar la naturaleza y a pasárselo bien con sus amigos. Ahora tenía más juguetes y sabía qué hacer con ellos, pero no era algo que le preocupase. Tenía su mente puesta en otros asuntos. ¿Cuáles?

El amor.

Pájaros de una pluma

El bueno de *Dr. Slump* no es muy delicado con las chicas, pero en 1982 consigue que la mujer de sus sueños se case con él. Resultó ser la maestra de Arare, la rubia y preciosa Yamabuki Midori (山吹みどり). Quizás no fuera coincidencia que mientras Toriyama dibujaba esta boda en el capítulo 104 de su *manga*, titulado "¡Hoy es un verdadero día de celebración!", también estuviera dibujando sus propios planes de boda.

Al igual que el doctor de la serie, Toriyama es introvertido. Le gusta estar solo, dibujar su obra y montar maquetas complicadas. Esto significaba que no salía mucho por ahí y no tenía a las chicas llamando a su puerta. Entonces, ¿cómo demonios iba a conocer a una mujer y tener una cita?

Afortunadamente, había una chica que trabajaba en Shūeisha como socia *manga-ka*. Se trataba de Nachi

Mikami (みかみなち), la autora de *manga shōjo* como *Ue o shita e no rokkunrōru* (下へのロックンロール, *"Lo mejor y lo peor del Rock and Roll"*, 1977) y *Hijiri mefisuto konran-den* (聖メフィスト混乱伝, *"La confusa leyenda de San Mefisto"*, 1985).

Toriyama dijo en *Tetsuko no Heya*: "Pensaba conocer a alguien del mismo entorno laboral, así que quedamos cinco de nosotros aquella primera vez". Se refiere a esto en la página que encabeza el título del capítulo 64 de *Dr. Slump, Yoake no Bōsōzoku no Maki* (夜明けの暴走族の巻, *"Moteros al amanecer"*, abril de 1981). Así pues, fue a cenar con otros cinco *manga-ka*, incluyendo Mikami-*san*. Explicó que todos eran autores de *shōjo manga-ka* y dijo esto: "La mayoría de personas que dibujan *shōnen* se marchan a vivir a Tōkyō, pero los que hacen *shōjo* son mujeres, así que mucha gente trabaja a distancia". Afortunadamente, ella vivía y trabajaba en Nagoya, y prefería también el campo, igual que él.

En algún momento entre el capítulo 64 y el 104, Toriyama empieza a enamorarse. En el ejemplar *Dragon Ball: Bōken Special* declaró: "La admiraba por su personalidad adulta y la atención que prestaba a personas necesitadas. Me gusta la gente eficiente. Soy bastante impaciente, así que no soporto a las personas que se entretienen. Las mujeres eficientes y sexys son geniales". También dijo que le gustaban las mujeres con gafas y pelo corto, y como puedes imaginar, Mikami-*san* daba el perfil.

Toriyama no tenía mucha experiencia con las mujeres, y la entrevistadora de *Tetsuko no Heya* le dijo: "Parece realmente puro, pero quizás, especialmente cuando quedaron, usted intentó sacar esa pureza y...". Le interrumpió el artista: "¡Por supuesto! Después de todo, ella es más mayor que yo". Y ella continuó: "Comprendo. Así que jugó con la pureza un poco, ¿verdad?" A lo que el autor respondió: "No, no es que jugara con ella. Casi nunca había hablado con una mujer. Soy una persona seria (risas)".

La rareza de Toriyama, su carencia de experiencia y su "pureza" jugó a su favor en aquel momento para crear química.

A diferencia de lo que pueda parecer, Toriyama se casó.

Cuando piensas en ello te preguntas cómo pudo haber ocurrido, y él mismo confesó: "Es cierto. Un familiar de mi mujer se acababa de mudar al mismo pueblo que yo, así que estábamos en contacto. Algo así casi nunca ocurre, después de todo...".

Si no se hubiera topado con ese familiar en su pueblo, entonces no habría ido a la cita grupal con Mikami-*san* y no se habría enamorado.

Campanas de boda

En *Dr. Slump,* un día como cualquier otro, Midori decide visitar a Senbei. Mientras Senbei se levanta a hacer un té, Midori va al baño. Sin ser consciente de ello, se detiene cerca del baño al volver y ensaya su propuesta de matrimonio en voz alta. ¡Midori le escucha formular la pregunta, sale del baño y dice que se casará con él!

En la vida real, la propuesta de Toriyama fue diferente y simplemente le soltó un: "Cásate conmigo, por favooooooooooor".

¡Y dijo que sí!

Acordaron casarse el 2 de mayo de 1982. El novio y la novia se vistieron con los atuendos tradicionales Shintō y cortaron un pastel de varios pisos en la Reception House de Nagoya.

Toriyama planeó una boda tranquila y privada, pero hubo un pequeño problema.

El bombardeo mediático

Por mera coincidencia, *Asahi Shimbun* publicó su lista de "Los más ricos de Japón en 1981" el 1 de mayo de 1982, el día antes de su boda. Esto ocasionó que una oleada de periodistas empezaran a hablar de la gran fortuna de Toriyama, y al día siguiente, fueron corriendo a su casa para hacerle unas preguntas. ¡Y resultó que en ese momento se estaba casando!

La atención mediática es lo que menos le gusta a Toriyama ya que no quiere que la gente invada su vida privada. Entonces, de repente, en el día más grande de su vida, los periodistas aparecieron en su casa y empezaron a preguntarle sobre el dinero, y él dijo: "No pensaba que mi boda iba a suponer un asunto tan importante. Es duro aparecer en los medios y no pensaba que a los *manga-ka* se nos veía de esta manera. Supuse que uno de los vecinos había venido a preguntar por la boda, así que pregunté si todo aquello era por mi celebración. Parece que así fue cómo lo descubrieron".

Afortunadamente, la boda continuó sin incidentes, pero ahora el matrimonio y la vida personal de Toriyama se mostraban en las noticias nacionales.

Fue la gota que colmó el vaso.

Toriyama decidió que nunca más mostraría su cara en público.

Tetsuko no Heya

Transcurrió otro año y Toriyama era la comidilla del pueblo, aunque él no quisiera serlo. A pesar de sus preferencias, el 4 de mayo de 1983 asiste a su primera entrevista televisada como invitado en *Tetsuko no Heya* (徹子の部屋,

"*La habitación de Tetsuko*"). Se trata del primer programa de tertulias de Japón, el más famoso de todos, presentado por la actriz Kuroyanagi Tetsuko (黒柳 徹子, nacida el 9 de agosto de 1933). Se emitió en el canal de televisión más grande de Japón, Kabushiki-gaisha Terebi Asahi (株式会社 テレビ朝日, conocido comúnmente como "Asahi TV", fundado el 1 de noviembre de 1957), propiedad del grupo periodístico Asahi Shimbun y Tōei Animation.

Tetsuko presentó a Toriyama ante el público: "Para ser sincera, habría deseado traerle antes, pero el año pasado, los anuncios sobre su boda y su clasificación como el hombre más rico de Japón llegaron al mismo tiempo, y todo estaba muy confuso. Este individuo tan puro se volvió bastante tímido y no ha querido mostrar su rostro hasta ahora. Hoy, por fin, lo tenemos aquí. Mi invitado es Akira Toriyama-*san*."

No sé qué fuerza sobrehumana le convenció a asistir al programa. ¿Quizás Torishima-*san*? ¿Puede que Tōei y Asahi Shimbun le presionaran para hacer la entrevista, dado que pertenecen a ese canal? *Dr. Slump* es la serie más grande de Japón, así que no dudan en capitalizar su éxito. Si el creador no se relaciona con el público, ¿cómo van a vender más *manga*, *anime* y merchandising?

Sin embargo, que asista a la TV no significa que se convierta en alguien extrovertido. Él mismo dijo en antena: "Es mi primera vez. No pensaba que habría tanta gente viéndome. Vaya, esto me pone nervioso. Es embarazoso".

Toriyama se mostraba incómodo mientras Tetsuko hablaba e intentaba hacerle salir de su caparazón. Incluso hubo un silencio incómodo justo cuando la miraba, inseguro de cómo responder. Pero siendo justos, hay que decir que se abrió conforme continuaron hablando, se rieron y contó anécdotas.

Esta aparición hizo que el nombre de "Akira Toriyama" se hiciera más famoso, y eso es lo último que quería.

Fue la entrevista más larga de la vida de Toriyama, y la

única televisada, en la que permitió que se grabara su cara. La otra entrevista tuvo lugar en 2013 (30 años después), pero solo duró un minuto y prohibió que le grabaran las cámaras por encima del cuello. Olvidad eso de pixelar la cara más tarde, aquí no se les permitía ni grabarla.

Toriyama y Mikami

Durante la entrevista, la mujer de Toriyama, Mikami-*san*, aparecía sentada entre el público, y a veces la miraba para sentirse más cómodo. Tetsuko le preguntó sobre su mujer y su carrera en el *manga*, a lo que contestó: "Bueno, parece que ya no puede dibujar tanto. Nos hemos casado y ya no ejerce la profesión, así que está ocupada con las tareas domésticas. Ella dice que no puede dibujar como es debido". Tetsuko se rió y dijo: "Estoy sorprendida. Es bastante tradicional. Su mujer dibuja *manga*, pero dejó su profesión tras casarse, así que su visión del matrimonio debe ser... que ahora ella se centre en las tareas domésticas y que inmediatamente deje de dibujar *manga*, pues no puede hacerlo con propiedad". Y Toriyama dijo: "Sí. Aunque a veces me ayuda con mi trabajo, es un salvavidas en ese aspecto".

Toriyama se crió en los años 60, rebelándose contra las normas vitales típicas del hombre de negocios trajeado, es un artista creativo, pero también tiene una visión tradicional del matrimonio. Tan pronto como su mujer se casó, ella dejó su carrera de *manga-ka*. Ni siquiera tenían aún niños, pero la tradición dictaba que tenía que convertirse en ama de casa, y evidentemente era lo que uno de ellos, o ambos, querían. A pesar de ser creativo e instaurar un nuevo camino con su *manga*, es conservador en su vida personal.

Aunque su carrera terminó de manera abrupta, aún

era una mujer con talento, por lo que ayudó a Toriyama con su *manga*, como confirmó aquí: "Por ejemplo, cuando invento una nueva historia y demás, ella habla conmigo sin tapujos. En ese aspecto, dado que ella también dibujaba, parece saber qué partes son las más difíciles para mí". Tetsuko entonces le dijo: "En ese caso, se ha casado con la persona correcta". A lo que contestó él: "Sí, así es. (risas)".

También confesó que consultaba con su mujer el tema de la ropa y ese tipo de cosas. Le solía preguntar si la ropa que él dibujaba era *naui* (ナウい, "a la moda") y ella le contestaba que en absoluto. Así que muchos de los diseños a la última que veíamos en *Dr. Slump* y *Dragon Ball*, especialmente con los personajes femeninos, estaban influenciados o diseñados por Mikami-*san*, apoyando a su marido en privado.

Bird Studio

Toriyama llevaba trabajando en Shūeisha 3 años, y *Dr. Slump* produjo millones de yenes. El autor decidió que quería tomar el control de los derechos de su trabajo y ser más independiente, así que fundó su propia compañía llamada

Bird Studio (バードスタジオ, *Bādo sutajio*). Esto es otro juego de palabras con *tori* (鳥, "pájaro"). Toriyama probablemente lo hizo por la importancia cultural del apellido en Japón, pero en lugar de llamarlo Tori Studios, lo cambia por el significado literal y lo escribe en inglés.

Estableció su estudio en Nagoya para estar cerca de su casa y no tener que ir a Tōkyō demasiado. En *Dragon Ball: Bōken Special* dijo que prefería trabajar ahí porque, de lo contrario, habría sido demasiado molesto. Toriyama afirmaba que era un verdadero chico de campo y no podía soportar la multitud de Tōkyō. Esto quizás se debiera a que quería estar cerca de su mujer, así que en lugar de ir a Tōkyō, su asistente acudía a su estudio y trabajaba con él.

En Bird Studio, Toriyama y Matsuyama, estas dos "montañas" (山, *yama*) creativas, dieron a luz a las obras *manga* más famosas del mundo. También construían allí maquetas, con montones de cajas en las estanterías, mientras daban forma a su futuro.

Esta relación empresarial entre Bird Studio, Shūeisha y Tōei nunca había sido explicada. Se puede resumir en que Bird Studio le proporcionaba más derechos sobre su trabajo, en lugar de ser únicamente propiedad de la editorial que luego llevaba la licencia, por una cuota determinada, a los estudios de producción *anime*, fabricantes de juguetes y compañías de videojuegos. Cuando lees el *manga* de Toriyama o ves el *anime*, apreciarás que en la información de la licencia pone "Bird Studio", demostrando que los derechos le pertenecen a él.

Esto fue un movimiento audaz para un *manga-ka*, pero le permitió a Toriyama ganar independencia con respecto a su editorial y establecer un futuro económico como artista.

El estilo artístico de Toriyama

Toriyama no es un *manga-ka* profesionalmente entrenado, ni tampoco estudió narrativa o animación. Simplemente era un chico al que le gustaba dibujar. Su único trabajo de verdad antes de ser *manga-ka* fue diseñador de naturalezas muertas y panfletos publicitarios. Tras aquello, aprendió todo con mucho esfuerzo. Acaba dominando el arte de la ilustración porque tiene que hacerlo.

Su estilo es difícil de definir, pero se nos vienen estas palabras a la cabeza: simple, claro, limpio y enérgico.

Apuesta por un estilo abstracto, con personajes de aspecto humanoide pero que pueden aparecer con diferentes formas. Además, también se sientan al lado de perros parlantes o monstruos insecto para mantener una conversación. Pese a esto, su arte representativo puede ser realista, como la estructura de los músculos de Gokū.

Toriyama se centra, principalmente en los detalles del objetivo central de la ilustración, y no en el arte de los fondos. Esto se debe a que la mayoría de sus fondos son simples o escasos, mientras que sus personajes están ricamente detallados. Dicho esto, los fondos tampoco llegan a sufrir, y diría que su simplicidad es su punto fuerte, a lo que habría que añadir el valor de la composición como un todo, permitiendo que destaque lo realmente significativo.

Sus personajes son fáciles de comprender, con líneas simples, colores y facciones distintivas, alejándose de lo soso. En la revista de *Battle of Gods Animanga* (2013) dijo: "Mi estilo consiste en crear primero la imagen y después pensar en el contenido". Sea cual sea la imagen estereotípica que esperas ver, él te dará justo lo contrario. Tiene el hábito de combinar cualidades contrarias para crear un ser único, como cuando sus monstruos parecen adorables y estúpidos pero realmente son diabólicos y tortuosos.

Las ilustraciones de Toriyama no albergan aspectos molestos, son atractivas, divertidas y están llenas de energía.

La forma de escribir de Toriyama

A Toriyama se le alaba por sus dibujos, pero también debería ser por su inteligencia, agudeza y sus múltiples capas de escritura que todo el mundo puede relacionar y disfrutar. Es un genio de la lingüística, y esto se aprecia en los originales japoneses donde cada personaje tiene su propia manera de hablar, un origen del nombre ingenioso y divertidos juegos de palabras.

¿Cómo escribe Toriyama? En la entrevista de *American Shonen Jump* #3 (2003) dijo: "Obviamente era ya adulto en aquella época, pero siempre que me quedaba atascado en una línea argumental, intentaba imaginarme cuando era niño, y me preguntaba por las cosas que me hacían disfrutar o qué quería leer durante la infancia. Así es cómo se me ocurrían las historias".

Tendía a posponer el trabajo hasta que la fecha de publicación se acercaba, y como consecuencia, dejaba que sus ideas se propagaran. En el *Daizenshū 4* comentó: "Lo que hago es idear la historia de antemano, y luego creo la información del contexto del mundo, para ser consistente con ello. Supongo que si fuera un *manga-ka* normal que hace las cosas como es debido, primero pensaría en el contexto y luego en la propia historia. Teniendo esto en cuenta, muchos dirán que realmente no pienso en nada, pero tengo una vaga imagen, incluso antes de crear la historia". En lugar de trabajar, se pasaba la mayor parte del tiempo construyendo maquetas o jugando a los videojuegos, tal como dijo aquí: "Me los suelo tomar en serio, y además, soy el tipo de persona que solo puede hacer una cosa al mismo tiempo, por lo que termino haciendo solo una cosa". Entonces, cuando el tic-tac del reloj se acercaba a la fecha de entrega, Toriyama recibía la inspiración y consolidaba la historia al instante, dibujando las páginas de madrugada.

Esto daba lugar a un montón de casualidades. Sucesos que ocurrían más tarde en la historia solo eran posibles gracias a los eventos anteriores, los cuales solo se podían dar gracias a los sucesos previos. Mediante este método, se acorralaba de tal manera que daba lugar a situaciones que solo se podían resolver creando más sucesos. En el *Daizenshū 6* comentó: "Cuando llego a un callejón sin salida, mi cerebro se pone en tensión y emerge alguna idea". Este sistema lo formulaba hasta proporciones extraordinarias, con eventos en los primeros compases de la historia que terminaban alterando el argumento décadas después.

Verás ejemplos con la historia de Gokū, y utilizaré esos momentos para describir su estilo narrativo con más detalle.

Creando arte

Cuando no trabajaba en Bird Studio o Shūeisha, lo hacía en casa. En el *Daizenshū 4* confesó: "Al final, he terminado trabajando sentado en una mesa *kotatsu* mientras veo la TV". Un *kotatsu* (炬燵, "mesa climatizada") es una mesa bajita cubierta por una manta por los cuatro costados, con un calefactor eléctrico en la parte inferior. Lo normal es sentarse en una sillita y cruzar las piernas bajo la mesa para mantenerse calentito.

Toriyama muestra su idiosincrasia trabajando bajo la presión de una entrega. Fuma como un maníaco, y afirma: "Sé que lo mejor sería dejarlo, pero sin los cigarrillos no puedo relajarme. Antes de una entrega, me fumo unos 100 al día". Incluso también se limpia los oídos con un bastoncillo: "Esto lo hago porque no me puedo relajar si periódicamente no me limpio los oídos". Así que sus pulmones estaban sucios y sus oídos los mantenía limpios.

En cuanto a sus herramientas, nada complicadas. Utilizaba un portaminas o un lápiz B2, un pincel de dibujo, una pluma Zebra-G con puntas reemplazables, además de tinta negra, tinta de color impermeable y papel Kent.

Toriyama se crió con la TV y le hacía sentirse cómodo. Mientras se sentaba en el *kotatsu* a dibujar, también fumaba, se limpiaba los oídos y veía los programas. Incluso si no estaba prestando atención, le gustaba escuchar ruido de fondo, y los efectos de sonido le inspiraban para las onomatopeyas de acción de su *manga*.

Tenía una estrategia rara para evitar la distracción visual, y eran sus gafas de la miopía: "Aunque para mi trabajo utilizo unas más ligeras, del 0,7. Es complicado dibujar si no puedo ver demasiado". Así que se ponía las gafas que le limitaban la visión para que se pudiera concentrar en la imagen que tenía frente a él. Eso es dedicación. Sin embargo, el ruido constante irrumpía en su mente e influenciaba el arte que nacía de sus manos.

El horrible laboratorio *manga*

Toriyama ya era un reconocido experto de la industria del *manga*, no solo para millones de lectores, sino también para los profesionales.

Para compartir su trabajado conocimiento y experiencia sobre el arte y la narrativa con todo el mundo, se asoció con el escritor autónomo Sakuma Akira (さくま あきら, nacido el 29 de julio de 1952), para que ambos fueran los coautores de un nuevo *manga* llamado *Toriyama Akira's Hetappi manga kenkyūjo* (鳥山明のヘタッピマンガ研究所, "*El cutre laboratorio manga de Akira Toriyama*", desde octubre de 1982 hasta marzo de 1984).

Esto resultó ser una obra sobre cómo dibujar y escribir *manga* al estilo de Toriyama. Utilizaba ilustraciones cómicas combinadas con técnicas valiosas para proporcionar una guía entretenida que inspirara a futuros *manga-ka*. Aconsejaba a los *manga-ka* dibujar personajes con líneas simples, enfrentar los rostros de las personas mientras hablan y construir diálogos fáciles de comprender. Ofrecía tutoriales prácticos, paso a paso, para dibujar ropa, armas y otros aspectos relacionados con el diseño de personajes. Aunque era cómico, presentaba una guía exhaustiva de cómo escribir *manga* para que los lectores lo disfrutaran.

Los dos autores publicaron 12 pequeñas lecciones en la revista *Fresh Jump* (*Furesshu janpu*, フレッシュジャンプ) durante 2 años, y luego las unieron todas en un volumen único con contenido adicional en mayo de 1985. Para muchos futuros *manga-ka* se convirtió en su biblia. Las siguientes generaciones de autores, de finales de los 90 y principios del 2000 que crecieron con este libro y con su *manga*, manifestaron que Toriyama fue su mentor y una grandiosa fuente de inspiración.

Fue en ese volumen donde Toriyama empezó a utilizar su nuevo retrato al que llamó "Robotoriyama."

Robotoriyama

Toriyama es antisocial, así que en lugar de dibujarse a sí mismo cual profesor dando consejos, utilizó un retrato para sustituirle. Esto también tendría que ver con su preferencia de ocultar el rostro. En los tomos 1 y 2 de *Dr. Slump* utilizaba un pájaro como alter ego, pero a partir del número 3 se decantó por el uso de un robot en miniatura.

El personaje parecía un pequeño robot humanoide que llevaba una máscara de gas de la Segunda Guerra Mundial. ¿Y por qué una máscara de gas? En el volumen *Dragon Ball: Bōken Special* dijo: "Porque es embarazoso dibujar mi propia cara". También llevaba ropa humana, como un traje y una corbata, bata de laboratorio, atuendos informales, chándal, y en posteriores apariciones, el icónico *dōgi* de Kame-*sen-ryū* de *Dragon Ball*, igual que Gokū. A menudo también llevaba una gorra de béisbol con la palabra "TORI" al frente.

Toriyama le puso un nombre en 1981 con el tomo 5 de *Dr. Slump*: "Robotoriyama" (ろぼとりやま). Al ser un término extranjero lo escribió en hiragana, en lugar de la combinación *katakana* para *robo* (ロボ) y el *kanji* de Toriyama (鳥山), que es como se escribe su nombre. Así que resultaba algo similar a su manera de firmar en *hiragana*: "Toriyama Akira" (とりやまあきら).

Pocos fans conocen el nombre real, ya que nunca se menciona en *Dragon Ball* y solo aparece en los tomos 5 y 8 de *Dr. Slump*, como una entrada adicional fuera de la historia principal. Es un nombre tan desconocido que incluso en la guía *Daizenshū 7* el personaje es llamado "Toriyama Akira" (鳥山明).

Los fans internacionales de *Dragon Ball*, al desconocer el verdadero nombre cuando la serie se localizó, lo empezaron a llamar Tori-bot, un compuesto de "Toriyama" y "robot". Este nombre empezó a utilizarse en 1997 y es más común fuera de Japón.[18]

Dado que a Toriyama no le gustaba dibujar su cara o ser fotografiado, utilizaba a Robotoriyama cuando quería representar su presencia en el *manga*. En el momento que veas a este pequeño robot con una máscara de gas, sabrás que se trata de él. Toriyama dijo que estaba feliz de haber creado a este personaje tan pronto en su carrera, ya que sin él no habría podido acomodarse y cientos de fans le habrían invadido al hacer la compra.

Famoso introvertido

Toriyama es uno de los hombres más famosos de Japón, pero no es debido a su personalidad extrovertida. Evita los focos como si de una plaga se tratara, y en el *Daizenshū 1* afirmó: "Soy simplemente un *manga-ka*, así que no soporto que me observen al detalle. Solo quiero holgazanear, así

---

18   Lee aquí mi descubrimiento sobre Robotoriyama, el auténtico nombre: *https://thedaoofdragonball.com/blog/history/tori-bot-real-name-discovered/*

que rara vez voy a sitios donde me puedan descubrir".

Eligió no aparecer en TV, al igual que dar clase o conceder entrevistas largas: "No voy a conferencias o clases masivas. Siempre las he odiado. Bueno, ahora tengo un rostro que no puede salir en público... Cuando estoy fuera, me resulta raro que me reconozcan, pero por alguna razón, de vez en cuando, alguno me suele conocer".

Entonces tomó la decisión explícita de no incluir fotografías que mostraran su cara, diciendo lo siguiente: "Lo siento. Creo que de esta manera no tendré que soportar esto más". Y así, en *Dragon Ball: Bōken Special* confirmó algo que estaba deseando: "Me mudaré a alguna parte más tranquila". Es famoso, a pesar de sus esfuerzos.

¿Y ahora qué?

Llegamos a 1984. *Dr. Slump* es un éxito y Toriyama triunfa como jamás lo había imaginado 10 años antes, cuando se graduó en el instituto. Nada mal para un chico que nunca ha ido a la universidad. Toriyama sabía que sentarse durante otros 4 años a estudiar, solo para conseguir un trozo de papel con su nombre, no era su elección correcta. En cambio, escogió su propio papel para escribir su nombre en él. Ahora era millonario, con dinero de sobra, y era tan famoso que tenía una razón legítima para evitar las aglomeraciones. Y por encima de todo eso, tenía una mujer.

Todo era perfecto, pero estaba agotado.

Toriyama recuerda esta época en *Chō-zenshū 4*[19]: "Había agotado mi material para *Dr. Slump* y quería terminarlo,

---

19   *Chō-zenshū* (超全集, "*Súper Colecciones Completas*") se publicaron tras los *Daizenshū* y se constituyen como el segundo grupo más grande de enciclopedias *Dragon Ball*.

pero era tan popular que resultaba imposible. En aquel duro momento, Torishima-*san*, que ya sabía que me gustaban las películas de *kanfū* (カンフー, "kung fu") y a menudo las veía, me sugirió que, si me gustaban tanto, por qué no dibujaba un *manga kanfu*. Si era interesante, me dejaría terminar con *Dr. Slump*. Ese fue mi salvavidas, pero solo con la condición de que empezara con ello en tres meses".[20]

Toriyama estaba desesperado y aceptó la oferta.

Entonces los dos se preguntaron: "¿Y ahora qué?"

---

20 Torishima-*san* habla del agotamiento de Toriyama en la cuarta parte de su entrevista en Kazé: *https://youtu.be/WtHLjIY0F1s*

El origen de Dragon Ball

La HISTORIA SOBRE el origen de *Dragon Ball* es tan cautivadora como la propia historia de *Dragon Ball*. En este capítulo descubrirás la verdadera razón de la existencia de *Dragon Ball*, desentrañando cómo Toriyama dio con la idea, la bautizó y la creó.

Vacaciones laborales

Las encuestas de Shūeisha para los lectores mostraban que *Dr. Slump* era tan popular como siempre y sabían que era una máquina de hacer dinero. Sin embargo, el autor se estaba quedando sin material y necesitaba un descanso. Así, tras 5 años de esfuerzo continuado, Toriyama se ganó un tiempo de respiro.

Su editor le dio vacaciones, pero no fueron de verdad.

La venta de *manga* es un gran negocio y Torishima-*san* no iba a dejar que su *manga-ka* estrella se quedara de brazos cruzados hasta que tuviera ganas de escribir de nuevo. Le dio 3 meses para que diera con una nueva historia.

Eso sí, para ser justos, Toriyama se fue de viaje a China durante dos semanas con su mujer.

Y sí, Torishima-*san*, también viajó con ellos.

Una nueva historia comienza

Como si estuviera viendo la imagen ahora mismo, seguro que Toriyama dijo algo así: "Mi mujer y yo llevamos, desde hace años, queriendo hacer un viaje a China". A lo que Torishima-*san* le contestaría: "¡Genial! Compraré los billetes. Será una oportunidad de palpar esa gran realidad". Y entonces el feliz trío comenzó su aventura.

Poco se sabe de su viaje, de los sitios que visitaron o qué experiencias vivieron, pero la mujer de Toriyama sacó fotografías que servirían de material referencial para su *manga*.

Cuando regresaron, Toriyama aseguró haber tenido "reuniones meticulosas" con su editor para intentar crear una nueva historia. Como los dos charlaban cada día por teléfono, luchando para dar con buenas ideas que pudieran reemplazar a *Dr. Slump*, Torishima-*san* terminó viajando desde Tōkyō hasta Nagoya para quedar con él cara a cara. En la entrevista de Kazé dijo: "Hablamos sobre el tema, pero aún no teníamos buenas ideas. Estaba a punto de volver a Tōkyō con las manos vacías cuando su mujer nos trajo el té. Ella también era *manga-ka* y dijo algo que no paró de resonar en mi cabeza. Afirmó que su marido era un *manga-ka* poco convencional. Un *manga-ka* normalmente escucha música o la radio mientras entinta, para ayudarle a estar relajado mientras se concentra en su trabajo. En cambio, ¡Toriyama se ponía vídeos mientras estaba trabajando! Eso no podía ser posible, ¿verdad? ¿Cómo puede alguien dibujar mientras está viendo una película? Pero dijo que sí, que así lo hacía. Le pregunté por qué, y me dijo que le gustaba esa película, escuchar el diálogo y saber cuándo ocurrían las mejores escenas. En ese preciso momento se detenía para verlas. Le pregunté cuál era el largometraje, y me dijo que era una película de *kanfū* de Jackie Chan. Entonces le pregunté cuántas veces la había visto, ¡a lo que me respondió que entre unas 50 y 100 veces! Si le gustaba tanto, ¿por qué no hacer un *manga* basado en ella?"

En relación a esto, Toriyama recordó lo siguiente: "Le dije que no quería hacerlo, pues las cosas que me gustaban y las que dibujaba en *manga* eran diferentes. No obstante, siguió con la idea y me programó un horario con fechas de entrega, sorprendiéndome sobremanera".[1]

Si la mujer de Toriyama no hubiera dicho eso en aquel preciso instante, entonces Torishima-*san* no habría preguntado sobre la película y no habría descubierto la obsesión de Toriyama por el cine de Jackie Chan. Reconociendo su pasión por el género, y sin quedarle otra salida que crear una nueva historia para reemplazar a *Dr. Slump*, Torishima-*san* aprovechó su oportunidad y forzó a Toriyama a hacerlo. Posteriormente, el editor confesó: "Supuso mucho trabajo y me maldijo por ello".

Los prototipos Dragon Ball

Y aquí está el comienzo de todo. A través de los años de serialización de *Dr. Slump*, a Toriyama se le ponía a prueba con trabajo adicional, creando un *manga yomikiri*. Este tipo de *manga* independiente servía como vía de escape creativa para generar otras ideas.

Fueron dos los yomikiri que influenciaron en gran medida al hasta entonces inexistente *Dragon Ball*.

El primero de ellos fue un *manga gōngfu* llamado *Doragon Bōi*.

Doragon Bōi

Doragon Bōi (escrito y pronunciado en *katakana* como "*Dragon Boy*", ドラゴンボーイ, aunque también escrito en *kanji* como *Kiryū shōnen*, 騎竜少年, literalmente, "El cal-

---

1   "Le dije que..." lo declaró en la entrevista de *TV Anime Guide: Dragon Ball Z Son Gokū Densetsu* (2003).

vario dragón del chico joven", 1983) es un *yomikiri* de 2 capítulos publicado en la revista *Fresh Jump*, desde agosto hasta octubre.

La intención era crear un prototipo de *manga gōngfu*, y no necesariamente se tendría que convertir en *Dragon Ball*, pero echando la vista atrás se podría percibir como algo parecido. Fue como una cápsula del tiempo para la mente de Toriyama en 1983.

El protagonista de *Doragon Bōi* es Tanton (唐童, or たんとん, "chico de la dinastía Táng"), quien vive en las montañas de *Sen no kuni* (仙の国, "país ermitaño") y es entrenado por un maestro de artes marciales llamado *go-Rōshi-sama* (ご老師様, "maestro anciano").[2]

Un día, el maestro decidió que Tanton escoltara a *hime-sama* (姫様, "princesa") desde un *Ka no kuni* (華の国, "país flor", un nombre poético para China) asolado por la guerra hasta su casa, tras el cese del conflicto bélico. Para ayudar a Tanton en su travesía, su maestro le regala un *ronpao* (竜宝, "joya dragón") mágico al que puede llamar cuando lo necesite.

Doragon Bōi utiliza diseños, detalles, chistes y personajes tipo que se reutilizarían más tarde en *Dragon Ball*. Los elementos más obvios que aparecen en ambas obras son las "bolas de dragón". Además, las dos historias tienen lugar en una tierra fantástica ambientada en China. Destacaré más paralelismos a lo largo de *Dragon Ball Cultura* cuando sea relevante, pero el punto más importante por ahora es que *Doragon Bōi* fue un éxito. Toriyama apuntó:

---

2   Tanton es la antigua pronunciación *on'yomi* del *hànzì* de Tán-gtóng (唐童, "Chico Táng"), haciendo referencia a la dinastía Táng, lo más alto de la civilización china y un sinónimo de China. Tanton escolta a la princesa de vuelta al "país flor", un epíteto para China. Así, el chico cuyo nombre viene a ser China trae de vuelta a la chica al país. Esto sería un ejemplo temprano de la sutileza de Toriyama para con los nombres.

"La respuesta positiva de los lectores fue realmente increíble, así que decidí seguir por ese camino para mi próxima serie".

Gracias a *Doragon Bōi* tuvimos *Dragon Ball*, y Tanton fue la semilla de la que brotó Son Gokū.

Tonpū Daibōken

Si *Doragon Bōi* estableció el mundo chino fantástico que encontramos en *Dragon Ball*, *Tonpū Daibōken* instauró la tecnología de ciencia ficción que le otorgaba un giro moderno.

Tonpū Daibōken (トンプー大冒険, *"La gran aventura de Tonpū"*, noviembre de 1983) trata de un joven viajero del espacio llamado Tonpū (トンプー), el cual aterriza en un planeta desconocido y conoce a una chica humana llamada Puramo (プラモ).[3]

Esta aventura de ciencia ficción presenta personajes tipo, diseños y objetos que aparecerían posteriormente en *Dragon Ball*. Por ejemplo, el chico utiliza cápsulas para hacer aparecer veloces motos o una casa de la nada. Al igual que Tanton y Gokū, también es súper fuerte, hace uso de las artes marciales y se vuelve más fuerte con la rabia. En cuanto a la chica, utiliza pistolas y su atractivo como armas, igual que Buruma en *Dragon Ball*.

---

3   Diría que Puramo (プラモ) es un compuesto de la palabra *purasuchikku* (プラスチック, "plástico") y *moderu* (モデル, "modelo"). A Toriyama le encantan las maquetas, así que se inspiró en ellas para nombrar a esta chica. El nombre de Tonpū puede que se derive de un concepto similar.

Nace Dragon Ball

Llegamos a 1984. Toriyama está agotando sus vacaciones y aún no tiene nada sólido. Escribir *Dragon Ball* es lo último que quiere hacer. En el ejemplar *TV Anime Guide: Dragon Ball Z Son Gokū Densetsu* dijo esto: "Desde el primer momento que empecé a dibujar *Dragon Ball* me decía a mí mismo que no quería hacerlo (risas). Me pasaba el tiempo montando maquetas de plástico hasta casi el momento justo de la entrega. Cuando me ponía a trabajar con los storyboards, solían faltar dos días hasta la fecha límite".

Esta historia iba a aparecer en la revista semanal de publicación *manga* más importante de Japón, y sería leída por millones de personas. Seguiría la estela del ultra-exitoso *Dr. Slump*. ¡El próximo trabajo de una superestrella! Pero no empezó a trabajar en ello hasta dos días antes de la entrega. Menudo tipo. No me imagino a mí haciendo lo mismo, ¿y tú?

Afortunadamente, tenía la idea general en su cabeza. En *TV Anime Guide* añadió: "Cuando se me ocurrió *Dragon Ball*, pensé que intentaría combinar las películas de *kanfū* de Jackie Chan y Bruce Lee, las cuales me gustaban tanto que las veía en video incluso trabajando, con el clásico *Saiyūki*. Con esta fusión se crearía un *manga* disfrutable".

La película de Jackie Chan que más le influyó fue *Zuìquán* ("El maestro borracho"). Lo recordó en una entrevista del *Daizenshū 2: Story Guide* (25 de junio de 1995): "Si no hubiera visto esta película, nunca habría dado con la idea de *Dragon Ball*."

Como ellos mismos dijeron: "Escribe lo que sepas". La obsesión de Toriyama por ver, cientos de veces, las mismas películas *gōngfu* le permitió crear Doragon Bōi, inspirado en la cultura china. Su éxito le motivó a escribir su próximo *manga*, cogiendo su conocimiento y combinándolo con lo que sabía todo el mundo: la fama de la cultura popular de los maestros *gōngfu* y la cultura tradicional de *Saiyūki*.

¡Y con todo esto, nació *Dragon Ball*!

Saiyūki en pocas palabras

Quizá te estés preguntado qué es *Saiyūki*. El próximo capítulo del libro lo dedicaré a explicarlo, pero allá va un pequeño avance.

Saiyūki (西遊記, del chino *Xīyóujì*, "Viaje al Oeste") es la traducción japonesa de la novela china que cuenta la historia de un monje budista, el cual viaja a la India para obtener unos escritos y volver con ellos a China. Por el camino le ayudan fuerzas mágicas, incluyendo la compañía del Rey Mono, un hombre cerdo, un demonio de río y un príncipe dragón que se transforma en caballo blanco. La historia entrelaza la cultura budista, taoísta y confuciana, y es un clásico desde hace 400 años.

Como consecuencia de su increíble popularidad, la novela ha tenido adaptaciones en películas, series de televisión, *manga*, *anime* y ha sido tema de discusión entre filósofos, académicos y poetas durante generaciones. Si vives en China, Corea o Japón, entonces probablemente hayas crecido escuchando esta historia o viéndola por TV.

Toriyama decidió basar su nuevo *manga gōngfu* en dicha historia porque sería reconocida por su público. Combinando esto con la acción y el humor *gōngfu*, que venían siendo populares en el cine durante la década y media anterior, la receta perfecta para el éxito de *Dragon Ball* estaba servida.

¿Por qué "Dragon Ball"?

¿Por qué tituló Toriyama a su obra *Dragon Ball*?

Toriyama dijo en *TV Anime Guide* que el nombre de *Dragon Ball* estaba inspirado en el uso de la palabra "dragón" de las películas *gōngfu*, estrenadas en Hong Kong en la segunda mitad de la década de los 70, después de la muerte de Bruce Lee y tras el estreno de *Enter the Dragon* (*Operación Dragón*, 1973). Estas películas hicieron hincapié en la asociación de la palabra "dragón" con el blockbuster de Bruce, con el objeto de que los fans estuvieran emocionados (o excitados) por comprar una entrada. Fue una verdadera "Bruceplotación", aunque Jackie Chan y otras estrellas utilizaron esta famosa palabra también. Durante años, siempre te encontrabas con "dragón" esto y "dragón" lo otro.

Toriyama decía: "Todo tenía pegado la palabra 'dragón,' y aunque fueran películas diferentes, parecían una copia barata. En cualquier caso, algo que fuera *kanfū* tenía que llevar la palabra 'dragón'. De lo contrario, no sería *kanfū*, ¿verdad? Vaya, al final soy igual que esas copias baratas"

A Toriyama le encantaban estas películas. Eran populares, y los dragones tenían esa esencia oriental tan guay que te hacía pensar en combates y fantasía. *Operación Dragón* estalló la moda, pero el resto de películas le dieron sentido, así que tomó prestada la popularidad de la palabra, como homenaje a sus películas favoritas.

En cuanto al "Ball" de *Dragon Ball*, viene del deseo de Toriyama por aportar a sus aventuras un sentido de búsqueda, en homenaje a *Saiyūki*. Comentó esto en la misma entrevista: "En el *Saiyūki* original, todos se dirigían a la India, pero en *Dragon Ball* cambié el objetivo último al comienzo de la serie, para que fuera más fácil de entender, simplificándolo todo en la búsqueda de siete esferas llamadas "bolas de dragón", capaces de conceder un deseo".

Toriyama compara las bolas de dragón con el *sūtra* (del sánscrito सूत्र, pronunciado "soo-trah", y del chino *jīng*, 經, "sagradas escrituras") budista del viaje original y las utiliza con la misma finalidad en su historia, pero sin un sentido religioso, para que los niños lo pudieran comprender. Una bola es un objeto simple, pero se convierte en algo interesante cuando preguntas qué es una bola de "dragón". Eso fomenta la curiosidad, así que es algo misterioso a la par que juguetón, incitándote a querer saber más sobre ello. Las bolas de dragón ya echaban a rodar en la historia.

Con las palabras "dragón" (como un homenaje a las películas modernas de *gōngfu*) y "ball" (como un moderno homenaje al *sūtra* tradicional), ya tenemos el título de nuestra obra: "DRAGON BALL."

Dragon Ball es un título perfecto para esta serie porque es tradicional, moderno, foráneo y guay, incluso también se relacionaba con el ámbito doméstico nipón, todo en uno. Era un título que gustó a todo el mundo.

La etimología de Dragon Ball

En la portada del *manga* de *Dragon Ball* verás el título tanto en inglés como japonés, pero si Toriyama escribe para un público japonés, ¿por qué poner ambas opciones?

El más grande de los dos títulos era el escrito en inglés, "DRAGON BALL" en letras mayúsculas. Esto se debe a que las palabras en inglés hacen que tu proyecto apunte hacia el extranjero. Los productores de largometrajes *gōngfu* añadían "dragón" a los títulos de sus trabajos por la misma razón, ya que hacían un producto más comercializable.

Bajo este título se puede ver su aproximación japonesa del inglés, pronunciado *Doragonbōru* (ドラゴンボール) en *katakana*. El *katakana*, pese a tener una esencia local, ayuda a expresar ese sabor extranjero, incluso mucho más que el *hiragana*.

Así, el título se erige, en la portada de cada volumen, como una fusión de Oriente y Occidente. Aún no lo hemos abierto y ya estamos experimentando el estilo de Toriyama.

Es algo en lo que debemos pararnos a pensar, ya que podría haber escogido ser fiel a las raíces tradicionales chinas de la obra y utilizar el hànzì chino o el *kanji* japonés. En este caso, "DRAGON BALL" se pronunciaría *Ron Dama* (龙球, o *Ryū Kyū*) en japonés, para aproximarse al *Lóng Qiú* (龍球) chino. Sin embargo, no se hizo de esta manera a pesar de funcionar así con los nombres de los personajes y otros elementos de la serie. En lugar de todo eso, titula su obra en inglés.[4-5] Así las cosas, a primera vista parece que el contenido está basado en la cultura china, pese a tener el título en inglés. Intrigante, ¿verdad?[6]

---

4   Toriyama escribió el título en inglés, por eso me refiero siempre a la serie como *Dragon Ball* en lugar de *Doragonbōru*.

5   ¿El título real es "DRAGON BALL", "Dragon Ball", "Dragonball", o "DragonBall"? El título oficial se escribe como dos palabras separadas en todos los capítulos ("DRAGON BALL"), pero es más fácil leer "Dragon Ball".

6   Defiendo que "DRAGON BALL" escrito en inglés es el título oficial de la obra, incluso en Japón. "DRAGON BALL" es el título más grande de los dos que aparecen en la portada, y el *Doragonbōru* (ドラゴンボール) japonés es solo una aproximación para la pronunciación de la audiencia nipona. De hecho, para el estreno del capítulo 1 de *Dragon Ball* en la *Weekly Shōnen Jump* #51, el 20 de noviembre de 1984, Toriyama diseñó la portada de la revista. En ella se podía leer "Dragon Ball" en inglés, justo encima del nombre de "Akira Toriyama" en japonés, pero *Doragonbōru* (ドラゴンボール) no aparecía por ningún lado. Solo se podía leer dentro de sus páginas, una vez llegabas al capítulo. Así anunciaban la serie los comerciantes de Shūeisha, con el título en inglés, desde el primer día.

"DRAGON BALL" encapsuló la mentalidad de Toriyama y estableció la base de todo lo que estaba por llegar.

El método de Toriyama

Las vacaciones de Toriyama llegaron a su final y solo le quedaban dos días para empezar y terminar el primer capítulo de *Dragon Ball*. En el *Chō-zenshū 4*, conocido como *Dragon Ball Super Encyclopedia* y publicado en 2013, dijo lo siguiente: "Casi no tenía un respiro, al tener que hacer otros encargos, no tuve otra opción que empezar a dibujar sin haber decidido claramente el contenido".

Huelga decir que tanto tú como yo sabemos que se pasaba el tiempo que tenía libre viendo la televisión o montando maquetas. Así que puedes ver cómo el método de Toriyama consiste en dejarlo todo para el final, hasta que la fecha de entrega se acerque, y entonces hacer un sprint final hasta la línea de meta.

Esta era su rutina, no algo puntual. En *TV Anime Guide* señalaba: "Empezaba a eso de medianoche, terminaba el storyboard alrededor de las 6 de la mañana y luego me pasaba entintando hasta la noche del día siguiente. Probablemente, tenía todo terminado tras un día y medio".

¿Cómo podía un maestro como Toriyama seguir este método y, aun así, producir un trabajo de tanta calidad? Esta es la parte que concierne a su genialidad y que describí en el capítulo llamado "Akira Toriyama". Es un hombre con inspiración. Cuando la fecha de entrega se acerca, las ideas afloran de sus manos. Comentaba esto al respecto: "Bueno, se trataba de contar una historia, así que era bastante fácil. Cuando un nuevo personaje aparecía o algo por el estilo, me llevaba algo más tiempo, pero una vez que el diseño de los conceptos y la historia estaban decididos, tan solo me llevaba un día y medio".

Que alguien pueda decir que es "fácil" escribir y entintar al menos 14 páginas de un *manga* a mano, en un día y medio de trabajo, es impresionante.[7]

Solo un prodigio, o un verdadero maestro que ha perfeccionado su obra a través de continua práctica, puede ser capaz de tal hazaña. Toriyama lo hizo en su primera semana, y lo repetiría desde entonces en adelante.

Una de las razones por las que trabajaba así era porque iba creando sobre la marcha. En el *Daizenshū 2* dijo lo siguiente: "No tenía todo planeado en absoluto. Suponía que todo terminaría después de un año, y solo preparé storyboards para tres capítulos".

Como las historias eran apresuradas, también lo eran las ilustraciones. Para ahorrar tiempo en sus dibujos, se saltaba la fase de producción del borrador. Dibujaba los *storyboards* con el lápiz y después aplicaba la tinta directamente sobre ellos.

Trabajó así durante los 10 años posteriores.

Los estrenos de Dragon Ball

Siguiendo este método, Toriyama terminó el primer capítulo de su *manga* y lo entregó antes de la fecha límite. Se mandó todo a imprimir y se publicó en la *Weekly Shōnen Jump* #51 el 20 de noviembre de 1984 (con fecha de publicación del 3 de diciembre de 1984). En el interior escribió una nota que decía: "¡Aquí estoy de nuevo, y sin haber tenido tiempo para descansar! Estoy feliz y triste a la vez. Aun así, lo haré lo mejor que pueda!"

¡¡Con su llegada, las puertas del cielo se abrieron y la gente de todo el mundo contempló la creación de Tori-

---

7   Un capítulo de *Dragon Ball* tiene una media de 14 páginas (más la página extra del título).

yama!!

Mmmmm, espera un momento. No fue así.

Este dragón no rugió con éxito nada más alzar el vuelo, pues no cumplió con las expectativas de los lectores. Pensaban que Son Gokū era aburrido y que no había acción. Esto supuso una sorpresa, no solo por el talento y la reputación de Toriyama, sino porque los primeros cinco capítulos eran en color, hecho que debería haber incrementado el impacto.

En condiciones normales, el *manga* se puede considerar un éxito si ayuda a vender millones de copias de la *Weekly Shōnen Jump*. Sin embargo, estamos hablando de Toriyama. Comparado con *Dr. Slump*, esto era decepcionante.

Impertérrito, Toriyama siguió trabajando su magia y publicó un nuevo capítulo cada semana.

Fue entonces cuando ocurrió.

El dragón se eleva

Tras completarse la historia de la primera saga con el capítulo 23,[8] recibió consejo de Torishima-*san*, haciendo algunos cambios y convirtiéndose, *ahora sí*, en un éxito.

Y repito, *un gran* éxito. *Dragon Ball* se convirtió en el *manga* más vendido de la historia tras concluir su publicación 10 años después, en 1995, habiendo vendido más de 200 millones de tomos. Ya en 2014, había vendido 230 millones de tomos en Japón y 300 millones en todo el mundo.[9] Por todo ello, se ha consagrado como la obra

---

8   El capítulo 23 de *Dragon Ball* se tituló *Doragon Chīmu Kaisan* (ドラゴンチーム解散, "*La disolución del Dragon Team*") y se publicó en la *Weekly Shōnen Jump* #23, el 4 de mayo de 1985.

9   *Dragon Ball* se convirtió en el *manga* más vendido de la historia en 1995. *Wan Pīsu* (ワンピース, "*One Piece*") se hizo con el número

manga más popular de la Tierra.

Dragon Ball catapultó a Toriyama al estrellato, convirtiéndole en un "dios viviente" para las posteriores generaciones *de manga-ka*. La serie siguió creciendo hasta erigirse como el *manga shōnen* por antonomasia, influenciando a creaciones *manga* posteriores como *Naruto, Wan Pīsu* ("*One Piece*") y *Burīchi* ("*Bleach*").[10, 11, 12] Se convirtió en una franquicia de miles de millones de dólares, haciendo de Toriyama el *manga-ka* más influyente aún con vida. Dio pie a cientos de parodias, inspirando a millones de personas a seguir sus sueños, y en lo que a mí respecta, se convirtió en el *manga* más grande la historia.

Y todo esto nació de un hombre que aseguraba esto: "Si no era un éxito, tenía pensado terminar la obra tras 10 semanas".

Afortunadamente para nosotros, sí que lo fue.

---

1 en 2008. Ya en 2013, *Wan Pisu* había vendido más de 300 millones de tomos en Japón, superando los 345 millones de volúmenes en todo el mundo: *http://www.animenewsnetwork.com/news/2013-11-21/one-piece-manga-has-345-million-copies-in-print-worldwide*. Eso sí, en términos de popularidad mundial y reconocimiento, *Dragon Ball* sigue siendo el rey. *http://www.oricon.co.jp/special/145/#rk*

10   *Naruto* (ナルト, 1997) es un *manga shōnen* superventas escrito por Kishimoto Masashi (岸本 斉史, nacido el 8 de noviembre de 1974), el cual trata de un joven *ninja* que sigue su "camino *ninja*". Kishimoto idolatra a Akira Toriyama.

11   *Wan Pīsu* (ワンピース, "*One Piece*", 1997) es el *manga shōnen* más vendido de todo el planeta y está escrito por Oda Eiichirō (尾田 栄一郎, nacido el 1 de enero de 1975). Trata de un joven pirata y su tripulación itinerante.

12   *Burīchi* (ブリーチ, "*Bleach*", 2001) es un *manga shōnen* escrito por Kubo Tite (久保 帯人, nacido el 26 de junio de 1977), y trata de un joven que muere y renace como un dios de la muerte

El origen de Dragon Ball

No hay un camino directo para con *Dragon Ball*. Requiere toda una vida de influencias culturales, una obsesión por ver películas que roza el límite y un artista que escribe sobre lo que ama.

Pero la chispa real de la serie estalló cuando la mujer de Toriyama realizó aquel comentario astuto sobre su atípico marido. Esto hizo que Torishima-*san* exprimiera la idea del *manga kanfū* y forzara a Toriyama a pasar a la acción. A nuestro joven autor no le hacía gracia el acuerdo, pero hizo su trabajo, siempre con determinación, y tras años de esfuerzo creó una obra que cambió el mundo.

Estamos ante el origen de *Dragon Ball*.

Xīyóujì

"¡¡Soy el Gran Sabio, tan grande como el cielo!!" declara Sūn Wùkōng antes de ser encerrado bajo una montaña por Buddhā. Así comienza la leyenda de *Xīyóujì* (西遊記, 'shii-yo-llii', del japonés: *Saiyūki*, 'sai-yuu-kei', "*Viaje al Oeste*", 1592). Esta es la historia que, 400 años después, inspiró a Akira Toriyama para la creación de *Dragon Ball*.

Toriyama utilizó a *Xīyóujì* como la base de su primera saga en *Dragon Ball*, tanto para los personajes, como para sus viajes y el mundo al que se aventuraban. Algunos fans piensan que esto solo se aplicó al comienzo de *Dragon Ball* y que Toriyama se olvidó de ello, pero no es el caso. Escogía diferentes partes a placer, añadiendo nuevos personajes, escenarios, técnicas de artes marciales y conceptos espirituales a lo largo de más de 160 capítulos, incluyendo "*Dragon Ball Z*." Así que si no tienes en cuenta el conocimiento de la historia de la que toma prestado estos conceptos, no te percatarás de las conexiones culturales.

Este problema lo verás resuelto con este capítulo. Exploraremos las partes de *Xīyóujì* que te aportarán un mayor contexto cultural de la época y veremos cómo se convirtió en un gran fenómeno, sirviendo de modelo para la obra maestra de Toriyama. Quizás parezca una clase de historia, pero apostaría a que el 99% de los fans de *Dragon Ball* nunca han leído *Xīyóujì*. Y digo esto porque de los miles de fans que he conocido, solo uno de ellos lo ha leído.

Dragon Ball fusiona lo antiguo y lo moderno, y su contenido tradicional está inspirado en esta leyenda china. Así que para entender *Dragon Ball*, primero tenemos que comprender *Xīyóujì*. Durante el camino aprenderás más sobre los sistemas de creencia que hicieron esta historia y la de *Dragon Ball* posibles. La mayoría de los aspectos más profundos de *Dragon Ball* y su contenido espiritual se originaron aquí.

Viaje al Oeste

El origen de *Xīyóujì* comienza con el monje de la dinastía Táng conocido como Xuánzàng (玄奘, 'shuuen-sang', "gran misterio", 602 – 664 D.C.). Viajó a la India en busca de los *sūtras* ("las sagradas escrituras"), y al hacerlo cambió el mundo. Sin Xuánzàng no habría *Xīyóujì*, y sin *Xīyóujì* no existiría *Dragon Ball*.

Es importante apuntar que es un monje de la dinastía Táng (唐朝, Táng-*cháo*, 'tang chow', "la dinastía mortero fanfarrona", 618 – 907 D.C.). El Táng se considera lo más alto de la civilización china, una era dorada de la cultura. La mayor parte de lo que ahora llamamos "cultura japonesa" se importó de China durante este período histórico.

¿Y por qué viajó a India? Xuánzàng se internó en un monasterio budista a la edad de 5 años, estudió las enseñanzas durante 15 años y se ordenó monje con 20. Estudió tanto la ideología budista Mahāyāna (del sánscrito: महायान, del chino: Dàchéng, 大乘, "gran vehículo") como la Hīnayāna (del sánscrito: हीनयान, del chino: Xiǎochéng, 小乘, "pequeño vehículo"), pero se decantó más por los conceptos Mahāyāna, al profesar la salvación de todos los seres y la promulgación de la fe hacia todos los que desean aprender, no solo los monjes. Creía en la compasión y sentía que su deber era ayudar a los demás para que alcanzaran la iluminación.

Durante sus años de estudio determinó que las traducciones chinas de los *sūtras* eran inadecuadas, confusas o se malinterpretaban. Además, abades de diferentes monasterios afirmaban tener, cada uno de ellos, la verdadera versión de las palabras de Buddhā, pese a que sus textos

tuvieran ideologías chocantes o de dudoso origen. Xuánzàng estaba confundido y era incapaz de determinar
cuáles eran los principios aceptables.

La única conclusión a la que llegó era que los textos
tenían carencias. Así que decidió acudir a la fuente original para extraer el texto sánscrito, completo y canónico,
de los *sūtras*.[1]

Comenzó su viaje en India a la edad de 27 años. Era
un viaje complicado incluso para su edad. El joven pidió
permiso a las autoridades chinas para viajar a tierras
extranjeras, pero no se le concedió la autorización por
ser un viaje demasiado peligroso, no en vano los turcos
habían estado atacando recientemente la frontera occidental china.

Xuánzàng decidió seguir adelante tras ser inspirado
por una visión de Guānyīn Bodhisattva (del chino: Guān-
yīn-*púsà*, 觀音菩薩, 'wahn-yin puu-sa', del japonés: Kannon,
観音, del sánscrito: Avalokiteśvara, अवलोकितेश्वर, "el ser iluminado que escucha tu llanto").

Un *bodhisattva* (del sánscrito: बोधिसित्त्व, 'bo-dii-sat-va,'
del chino: *púsà*, 菩薩, "existencia iluminada") es un ser
que interactúa con el mundo de los hombres para guiar
a las personas hasta Buddhā (del sánscrito: बुद्ध, 'buu-da',
del chino: *fó*, 佛, del japonés: *hotoke*, 仏, "ser iluminado"
o "el despertado").[2] Para los occidentales es muy común

---

1 Hay otros dos monjes conocidos que hacen la travesía. El primero es Fǎxiǎn (法顯, "ley manifiesto", 337– 422 D.C.), que viajó al
oeste, desde China hasta India. El segundo es Pútídámó (菩提達摩, del
japonés: Daruma, 達磨, "Bodhidharma", alrededor del siglo V-VI D.C.),
el patriarca del budismo Chán (禪, del japonés: Zen, 禅, del sánscrito:
Dhyāna, ध्यान) que viajó desde la India hasta China. Ambos fueron
viajes complicados a pie, pero ninguno fue tan grande como el de
Xuánzàng.

2 La palabra *fó* (佛, del japonés: hotoke, "Buddhā") describe un
hombre (亻) que no es (弗) un hombre, es decir, "un ser que parece un

comparar a Guānyīn Bodhisattva con la Virgen María del cristianismo, pues ambos conducen a las personas a la salvación eterna. Incluso Guānyīn se describe como una mujer compasiva.

Dado que Xuánzàng no recibió la aprobación del emperador Táng Tàizōng (唐太宗, 28 de enero de 598 – 10 de julio de 649 D.C.), se marchó de China como un fugitivo en la oscuridad de la noche. Desafortunadamente, su caballo murió al comienzo del viaje. Tras hacerse con otro caballo, tuvo que venderlo por otro más viejo para hacerse pasar por un pobre y atravesar las entradas. Por si esto fuera poco, tuvo un guía que intentó asesinarle mientras dormía.

Cuando pasó la Yùmén-*guān* (玉門關, "la Puerta de Jade"), la frontera oeste del imperio Táng, alcanzó el punto de no retorno. Por un lado estaba el mundo civilizado, conocido por su tradición cultural y familiar, y por otro lado se desplegaba el sentido premonitorio de lo desconocido, los peligros de la naturaleza, la bestia y el hombre. Y esto tan solo en su propio país. ¿Puedes imaginar lo que ocurriría tras su marcha?

De momento eso mismo tendrás que hacer, porque ahora no lo vamos a abordar. Más adelante, a lo largo de *Dragon Ball Cultura*, detallaré el viaje de Xuánzàng paralelamente a la adaptación de Toriyama.

---

hombre pero que no lo es". Los japoneses utilizaron este *kanji* hasta 1947, cuando el *shinjitai* (新字体, "*kanji* simplificado") empezó a usarse por todo el país. Luego fue reemplazado por el *hotoke* (仏). El *kanji* utilizado antes de 1947 se llamó *kyūjitai* (旧字体, "antiguo *kanji*"), y prefiero usar este estilo porque retiene el significado más profundo, como el *hànzì* tradicional chino.

Vuelta a casa

Xuánzàng atravesó más de 10.000 kilómetros en busca de las escrituras budistas. Escaló tres de las cadenas montañosas más altas de Asia, sobrevivió a los desiertos, evadió a los bandidos, se reunió con reyes, líderes tribales y celebridades, se adentró en debates filosóficos y sirvió como diplomático no oficial de China. Hizo todo esto mientras llevaba puestas unas humildes sandalias de peregrino.

Con su regreso a la antigua capital de Cháng'ān (長安, "paz perpetua"), entregó 657 volúmenes de los sūtras y siete estatuas Buddhā al Báimǎ-sì (白馬寺, "templo del caballo blanco"). Sus 16 años de aventuras fueron transcritas por uno de sus discípulos en el año 646 D.C., por petición del emperador. Se titularon *Dàtáng Xīyóujì* (大唐西遊記, del japonés: *Ōkara Saiyūki*, "El viaje al Oeste del Gran Táng"). Este documento reveló su viaje de manera meticulosa, y aún sirve como un mapa histórico y un registro de aquellos años. También le da nombre a su aventura, la cual sería desarrollada durante los siglos venideros.[3]

Aunque violó las restricciones imperiales con respecto a su viaje, el emperador Táng Tàizōng dio la bienvenida a Xuánzàng como un académico y diplomático. Apoyó sus esfuerzos por las escrituras, se le consideró el monje emblema y se le trató como el Táng Sānzàng (唐三藏, "el monje de Táng de las tres cestas"). Debido al apoyo imperial del budismo y al alto grado de intelecto y fama de Xuánzàng, la práctica floreció por toda la nación. Xuánzàng pasó el resto de su vida en Báimǎ-sì, donde murió en

---

3 Cháng'ān (長安, "paz perpetua") es el nombre antiguo de Xī'ān (西安, "paz occidental"). Cuando Xuánzàng emprendió el viaje, Cháng'ān era la ciudad capital y la entrada a las regiones occidentales. Por esta razón se marchó desde esta ciudad y regresó a la misma al final de la travesía.

el año 664 D.C.

Su regreso a casa con las nuevas escrituras dejó una marca permanente en la sociedad del Este Asiático. No obstante, fue su influencia cultural y su fama lo que inspiró la creación de *Xīyóujì* y *Dragon Ball*.

La influencia de Xuánzàng

La historia de Xuánzàng es auténtica a la par que legendaria, y fue elogiado como el monje por antonomasia, responsable de la supervivencia de la continuidad del budismo y de su difusión por China, preservándolo como la fe capital. Sin Xuánzàng, el pensamiento budista en India se habría perdido para siempre, reemplazándose por el creciente resurgimiento del hinduismo y la invasión del islam. El budismo se había perdido definitivamente en India, pero uno renovado todavía vivía en China, Corea y Japón gracias a Xuánzàng y otros aventureros budistas y profesores.

Xuánzàng fue proclamado como uno de los grandes académicos de la historia de China. Sus traducciones sentaron cátedra, tanto por su maestría con la lengua como por la complejidad de los refinados principios esotéricos, los cuales adquirió bajo las enseñanzas de los maestros indios.[4] Sus traducciones sirvieron de modelo para otros

---

4   Al final de la vida de Xuánzàng, a él y a su equipo de discípulos se les reconoció haber transcrito, del sánscrito al chino, más de 1.000 pergaminos, así como haber entrenado a innumerables monjes en el sistema de cultivación Yogācāra (del sánscrito: योगाचार, "el que practica yoga", del chino: Wéishí-zōng, 唯識宗 "escuela de la única consciencia", del japonés: Yuishiki, 唯識, "solo consciencia") y la lógica india. El *Yoga* (del sánscrito: योग, del chino: *yújiā*, 瑜伽, "enyugar") es la práctica que unifica la mente y el cuerpo para alcanzar la liberación.

monjes, desembocando en el establecimiento y la revitalización de nuevas escuelas de pensamiento budista, tanto en China como en Japón. Estas nuevas filosofías fueron el hálito de vida para el budismo chino. Así que no solo fue un académico, sino uno de los mayores maestros de la Ley Buddhā (del sánscrito: *dhárma*, धर्म, del chino: *fófǎ*, 佛法, del japonés: *buppō*) de su edad. Los monjes de Corea y Japón escucharon hablar de su experiencia y emprendieron largos viajes para convertirse en uno de sus discípulos.

Además, al traer de vuelta los 657 volúmenes, trajo consigo las obras de arte budistas que fueron imitadas por monjes y artesanos. Los retratos encontrados en estas obras establecieron las pautas de las representaciones artísticas sino-japonesas de Buddhā, Bodhisattva y sus reinos celestiales durante más de mil años. Estas ilustraciones definían el aspecto y el sentimiento que proyectaban estos seres para todos los monjes, creyentes, dramaturgos, poetas y artistas, incluyendo a Toriyama. La cultura budista tal y como la conocemos no existiría sin *Xuánzàng*.

La fama de Xuánzàng

No puedes escribir algo tan bueno, solo puedes basarte en ello. Justamente eso es lo que han hecho los poetas, artistas y dramaturgos.

A la traducción de estos textos se le llama *Yújiā shī de lùn* (瑜伽師地論, "*Tratado de las etapas de la práctica del Yoga*"). También tradujo una versión completa del *Sūtra*, *Mahāprajñāpāramitā* (del sánscrito: प्रज्ञापारमिता, del chino: *Dà bōrě bōluómì duō xīnjīng*, 大般若波羅蜜多心經, "*Gran corazón Sūtra*"), ocho veces más largo que la Biblia, el *Sūtra Saddharma Puṇḍarīka* (del chino: *Miàofǎ liánhuá jīng*, 妙法蓮華經, "*El Sūtra del Loto de la Ley Maravillosa*") e innumerables obras que se habrían perdido en la India.

En el libro *Xuanzang: Un budista peregrino en la Ruta de la Seda* (1997) de Salley Hovey Wriggins, la autora cita al explorador y arqueólogo británico Aurel Stein (1862 – 1943), quien dijo: "Los peligros y huidas casi milagrosas que marcaron el comienzo de los viajes de Xuánzàng no fueron ni exagerados ni ficticios. Tanto su memorable travesía por el desierto como su visión (de Guānyīn Bodhisattva), al comienzo de su periplo de 10.000 kilómetros, en busca de la verdad, encarnan los elementos universales del viaje del héroe. El monje budista no solo viajó a lo largo de miles de kilómetros de desiertos y montañas, como si de una versión china de Marco Polo[5] se tratara, sino que peregrinó por su alma. Su travesía fue externa e interna, y por tanto, albergaba un aura de valor especial".

La travesía del héroe en la vida real le sirvió para inspirar a los futuros aventureros y se convirtió en una parte atemporal de la cultura popular.

Se le consideró un héroe de la épica espiritual mientras vivió, y su leyenda creció con más fuerza tras su muerte. Su nombre no ha parado de sonar entre los habitantes, ya sea en las tabernas, en las fábulas o en las historias que se les cuentan a los niños para dormir.

El budismo de Xuánzàng, que lucha por sobrevivir, se ha convertido en el trampolín de una masa, añadiéndose a su propia historia vital. Como si de un juego para móviles de hace siglos se tratara, donde se iban incluyendo más detalles con cada nueva historia, su fama se embelleció y se convirtió en una leyenda eterna. La magia taoísta y budista, las deidades del cielo y el infierno, las criaturas místicas y los animales parlantes, todo lo que te puedas imaginar. Al mismo tiempo que esto ocurría, se contaban

---

5   Marco Polo (15 de septiembre de 1254 – 8 de enero de 1324) fue un aventurero italiano que viajó a China, entre otros lugares, ayudando a establecer intercambios culturales entre Oriente y Occidente. Su travesía fue similar a la de Xuánzàng, pero en la dirección opuesta.

historias sobre un travieso Rey Mono de aire violento. Así que, tras haber completado su viaje en el siglo VII, Xuánzàng "se hizo" con un grupo de acompañantes antropomórficos en el siglo X. Fue entonces cuando la leyenda se volvió más excéntrica que nunca.

Desde el siglo XIII en adelante, se han encontrado evidencias de obras de teatro y poemas escritos sobre el viaje de Xuánzàng para entretener a las masas. Por ejemplo, *Dàtáng sānzàng qǔjīng shīhuà* (大唐三藏取經詩話, *"Tripiṭaka del Gran Táng en busca de las escrituras, una historia en verso"*, alrededor de 1280), *Xīyóujì zájù* (西遊記雜劇, *"Drama de Viaje al Oeste"*, alrededor del siglo XIV) y *Qítiān-dàshèng zájù* (齊天大聖雜劇, *"Una serie de dramas del Gran Sabio tan grande como el Cielo"*, alrededor de 1450). Este material se asemeja mucho a lo que encontramos en *Xīyóujì*, así que nos permitirá ver la progresión de la vida real de Xuánzàng y los añadidos imaginarios y teatrales que lo volvieron más dramático, tanto en los escenarios como en los libros. Era un entretenimiento para la cultura popular china medieval, al igual que *Dragon Ball* es un entretenimiento para la cultura popular japonesa de finales del siglo XX.

Al término del siglo XVI, cuando se escribió la novela de *Xīyóujì*, el viaje de Xuánzàng ya estaba completamente asentado y estas innumerables leyendas facilitaron que los autores crearan con esmero.

Escribiendo Xīyóujì

Esta historia sobre un monje viajero y sus acompañantes recorrió China durante casi 1.000 años, mucho antes de que el autor decidiera ponerla por escrito, tal y como hoy la conocemos. Por otra parte, la identidad del autor ha supuesto un debate durante siglos, pero la mayoría suele acreditar la autoría a Wú Chéng'ēn (吳承恩, 1500 – 1582 D.C.). Es un libro con el que toda la población china y japonesa está familiarizado, ¿pero quién fue el hombre que lo escribió?

Wú Chéng'ēn nació en Liánshuǐ-*xiàn* (漣水縣, "país del agua ondeante"), Jiāngsū (江苏, "provincia del río"), al este de China durante la dinastía Míng (Dà Míng, 大明, "gran resplandor", 1368 – 1644 D.C.).[6] Nació en el seno de una familia mercantil, pero recibió una educación confuciana en la prestigiosa Nánjīng Dàxué (南京大學, "Universidad de Nánjīng"). Allí estudió los clásicos del confucianismo, como *Lúnyǔ* (論語, "*Analectas*", alrededor del 476 – 221 A.C.), convirtiéndose en poeta y maestro de la prosa clásica. Entonces consiguió un trabajo de funcionario a nivel provincial, aunque a pesar de su formación y talento narrativo, suspendió repetidamente los exámenes para funcionario de nivel superior, los cuales permitían el acceso a una carrera mejor. Hasta que no terminó de ejercer su profesión no se dedicó a escribir Xīyóuji, cuya historia finalizó con 60 años. Necesitó unos 10 años de su vida para completarla, fue una de las últimas cosas que llegó a hacer y se le considera su mayor logro. La obra completa de *Xīyóujì* consta de 100 capítulos repartidos en unas 2.500 páginas (si contamos la versión traducida al inglés).

El libro permaneció relativamente desconocido durante décadas, pues era común en aquella época compartir primero el trabajo escrito con los amigos y otros autores, solo por diversión. Eso sí, gracias a los avances tecnológicos del período Míng, se produjo el estallido de la imprenta en el siglo XVI, y *Xīyóujì* se convirtió en uno de los primeros libros en conseguir grandes números de impresión. Sin

---

6   Wú Chéng'ēn nació en Liánshuǐ-*xiàn*, el condado más septentrional de Huái'ān (淮安, "río Huái de la paz") en Jiāngsū, China. Por esta razón, Huái'ān se suele relacionar con su lugar de origen.

embargo, la primera edición de la obra no se publicó hasta 10 años después de su muerte, en 1592.

Posteriormente, *Xīyóujì* se convirtió en uno de los *sìdà míngzhù* (四大名著, "las cuatro grandes obras de arte") de la literatura china, junto a *Shuǐhǔ Zhuàn* (水滸傳, "A la orilla del agua", 1589 D.C.), *Sānguó Yǎnyì* (三國演義, "El romance de los Tres Reinos", alrededor del siglo XIV) y *Hóng Lóu Mèng* (紅樓夢, "Sueño en el pabellón rojo", alrededor del siglo XVI). Cada una de estas novelas cultivaba el alma del hombre a través de su lectura, y durante los 300 años posteriores se llegó a decir que, si no las habías estudiado hasta el punto de ser capaz de debatir sus temas académicamente, no estabas totalmente formado. De hecho, poco después de publicarse *Xīyóujì*, se convirtió en una parte de los exámenes imperiales de la orden confuciana. ¡No podías conseguir trabajo en el gobierno chino sin haber leído este libro!

Xīyóujì es un icono dentro de China, pues supone dos cosas: la representación de la cultura china y una analogía extendida del viaje hacia la iluminación. Se contempla como una de las primeras novelas del mundo y se erige como uno de los trabajos literarios más importantes jamás creados.

No obstante, es esencial comprender que *Xīyóujì* no es producto de un solo hombre. Es la culminación de miles de años de cultura, hechos reales y añadidos dramáticos que conforman la cultura popular de su época. Wú Chéng'ēn no fue el primero en dar con la idea, pero sí desempeñó el duro trabajo de combinarlo todo por escrito, con una estructura narrativa episódica. Toriyama hizo lo mismo con *Dragon Ball* 400 años después.

Tres sistemas de creencia

Antes de zambullirnos en la historia de *Xīyóujì*, es necesario abordar los sistemas de creencia que añadieron misticismo a la travesía de Xuánzàng, pues el contenido cultural de *Xīyóujì* estableció el marco cultural de *Dragon Ball*.

Los tres sistemas de creencia más importantes de China son el budismo, el taoísmo y el confucianismo. Juntos sincretizan el entorno cultural del lenguaje, incontables obras de arte y el pensamiento metafísico. El gran sinónimo de la cultura china es su rico sistema de creencia.

Budismo

El budismo (del chino: *fó-jiā*, 佛家, "escuela de los iluminados") es un sistema de creencia compuesto por las enseñanzas de Śākyamuni (del sánscrito: सिद्धार्थबुद्ध, 'sahkyah-muunii', del chino: Shìjiāmóuní, 釋迦牟尼, del japonés: Shakamuni, 563 – 483 A.C.), un príncipe indio que dejó el mundo secular para iluminarse con la Ley Buddhā, convirtiéndose en un Buddhā y ofreciendo la salvación a los demás.

Su focalización primordial es el *shàn* (善, "compasión") y el *cíbēi* (慈悲, "misericordia"). El dogma principal es que todos los seres experimentan sufrimiento por la ignorancia. Hay un camino para terminar con este sufrimiento, y consiste en seguir la Ley Buddhā. Cuando se ha llegado al cese de la ignorancia y los deseos, el practicante logra la iluminación y se convierte en Buddhā.

El budismo se exportó de India y se promulgó por China, floreciendo y transformando la cultura china.

Taoísmo

Taoísmo (del chino: *dào-jiā*, 道家, "escuela del camino") es el sistema de creencia nativo de China. El patriarca del pensamiento taoísta es Lǎozi (老子, 'lou-zuh,' "el viejo"), alrededor de la dinastía Zhōu (周朝, Zhōu-*cháo*, "dinastía de la circunferencia", 1046 – 256 A.C.). Enseñaba el Tào (道, 'dou,' "camino" o "sendero") que lleva hacia la inmortalidad. El *hànzì* de *tào* está compuesto por *shǒu* (首, "cabeza") sobre la raíz de *chuò* (辶, "caminar"), y como veis en su grafía, representa a una persona caminando sendero abajo.

Su principio es el *zhēn* (真, 'zhun', "verdad"). La doctrina primordial es que el mundo es una realidad falsa y nuestras nociones humanas no son más que construcciones ilusorias formadas por la vida en sociedad. Los taoístas creen que la finalidad de ser humanos radica en volver a nuestro origen, la verdadera naturaleza, y alcanzar así el Tào, convirtiéndonos en el *zhēnrén* (真人, "el verdadero hombre"). ¿Cómo conseguirlo? Viviendo en concordancia con el camino de la naturaleza, siguiendo su verdad, yendo más allá del dualismo del *yīn* (陰, "oscuridad") y el *yáng* (陽, "luminosidad") para volver al vacío de la nada.

Confucianismo

Confucianismo (del chino: 儒家, *rú-jiā*, "escuela de académicos") es un subconjunto modificado del taoísmo. Su fundador fue Kǒngfūzǐ (孔夫子, "Confucio", 551 – 479 A.C.).

Se centra principalmente en el *yì* (義, "virtud" o "justicia"). El dogma fundamental dicta que si el individuo es perfecto, la sociedad será perfecta. La armonía social se establece viviendo en concordancia con la naturaleza humana, mejorando el carácter moral, siguiendo las tradiciones y manteniendo las relaciones. Tras la maestría de estos conceptos, el hombre se convierte en sabio. El confucianismo es la fundación de la sociedad del Este Asiático.

Separados pero unidos

Cada uno de estos tres sistemas de creencia son independientes, pero China es un caso único, pues lleva mezclándolos desde hace más de 2.500 años de civilización. El resultado es una sociedad tan relacionada con sus sistemas de creencia que no puedes separar uno de otro. Esto implica que una persona puede creer en la Ley Buddhā, atribuida a los principios taoístas de la verdad, libre de la sociedad, y al mismo tiempo tener una familia confuciana ideal, siendo un miembro productivo de la sociedad. En *Xīyóují* encontramos todos estos sistemas de creencia, hasta el punto de parecer una fe unificada. Aunque los budistas a menudo se oponen a los taoístas y viceversa, siguen siendo parte del mismo cosmos. Esta dinámica interacción entre los sistemas de creencia alienta la historia.

Wú Chéng'ēn no es un budista ordenado o un taoísta ascético, es un académico confuciano. Pese a ello, consigue comprender las otras creencias tan bien que es capaz de escribir sobre ellas, detalladamente, en su historia. Llena su libro de citas referentes a los *sūtras* budistas y a la poesía taoísta.

Una de las razones por las que puede hacerlo es por todo lo que leyó durante su vida. La otra razón es porque, al igual que Toriyama, todo es producto de su entorno. La síntesis budo-taoísta confuciana que contiene *Xīyóují* es un reflejo de cómo el pueblo chino contemplaba el mundo en aquel período histórico. Wú creció en aquel ambiente que construyó su cosmovisión. Creció escuchando las historias de Xuánzàng y sus compañeros animales, haciendo un esfuerzo monumental para escribirlas en un libro. Toriyama experimentó lo mismo 400 años después, viendo películas y series de televisión basadas en *Xīyóujì*, para más tarde hacer el esfuerzo monumental de escribir su propia versión en un *manga*.

Tres reinos

El sincretismo de los tres sistemas de creencia creó un marco cosmológico donde sus deidades coexistían, unas con otras, en tres reinos distintos a la par que entrelazados. Estos se conocen como *sānjiè* (三界, del japonés: *sankai*, "tres reinos") y se refieren al cielo, la Tierra y el infierno.[7]

Cada uno de estos tres reinos alberga su propia dimensión del tiempo y el espacio, basada en partículas de diferentes tamaños. Cuanto más refinada y luminosa es la partícula, más elevado es el reino y los seres que habitan en él, y al contrario. Así, los seres del cielo son más bonitos y brillantes que los seres rudos y pesados del infierno, con el hombre posicionado entremedias.

Los seres que viven en estos reinos son los *tiānrén* (天人, del japonés: *tennin*, "personas del cielo"), *rén* (人, del japonés: *ren*, o *nin*, "personas" o "humanidad") y *dìyùrén* (地狱人, del japonés: *jigokunin*, "personas del infierno"). La "humanidad" se relaciona con los terrícolas, alienígenas, animales y toda forma de vida molecular dentro de este plano dimensional, por lo que no solo se refiere a los

---

7   El infierno budista no es una maldición eterna, sino un reino inferior en el que los seres se reencarnan para recompensar a su *karma* y reencarnarse después en otro reino.

terrícolas. Toriyama utilizó esta idea en *Dragon Ball*, con terrícolas y alienígenas que tras morir van al universo del Más Allá, antes de terminar en el cielo o el infierno.

Dependiendo de las diferentes creencias sectarias, hay 27 niveles del cielo en el budismo y 81 niveles del cielo en el taoísmo, frente a los 18 niveles del infierno. Cada nivel está subdividido en una parte superior, mediana e inferior. Más allá de estos tres reinos nos encontramos los reinos vacíos, constituidos por seres sin forma y eternos. Los niveles incrementan en magnitud y belleza conforme vamos ascendiendo. Toriyama utilizó esta idea para asegurar que, a medida que avanzaba la aventura de Gokū, siempre nos íbamos a encontrar un nivel más alto que el anterior, con dioses por encima de otros dioses.

De acuerdo con las creencias budistas, los tres reinos fueron creados por seres superiores más allá de los tres reinos, con el objeto de dar a los seres conscientes una última oportunidad para despertar. Los budistas y taoístas creen que el cosmos se ha desviado de los niveles superiores de su creación, con innumerables seres perdiendo su virtud y dirigiéndose a la destrucción. De este modo, cada uno de nosotros puede caer a este laberinto desde los reinos más elevados, debido a la ignorancia y a las elecciones pobres. Por otra parte, también podemos escoger caer ahí para iluminarnos hacia esos niveles superiores. Por tanto, nuestro sufrimiento es una oportunidad para despertar la verdad, regresando hasta nuestros seres originales y nuestras posiciones en los reinos más elevados.

Este mundo es una ilusión y llegó la hora de que despiertes para regresar a casa.

Saṃsāra

Al estar atrapados dentro de los tres reinos, experimentamos el *saṃsāra* (del sánscrito: संसार, del chino: *lúnhuí*, 輪迴, del japonés: *rinne*, "transmigración"), el ciclo de la reencarnación de un cuerpo hacia otro cuando morimos y renacemos.[8]

Tu *karma* (del sánscrito: कर्म, del chino: *yèlì*, 業力), una acumulación de la deuda metafísica y espiritual, determina el reino en el que renaces, el tipo de ser en el que te vas a convertir y tu fortuna en cada vida. Cuanto menor es el nivel y más *karma* llevas en la consciencia, más sufrimiento padeces y más corta es tu vida. Todo en concordancia con el castigo de tu *karma*. Por el contrario, cuanto más *dé* (德, 'duh,' "virtud") tengas, optarás a más bendiciones y más larga será tu vida.

Sin embargo, incluso la vasta multitud de dioses dentro del cielo están sujetos a la muerte y el renacimiento, incluyendo los reyes celestiales. Puedes vivir durante millones de años y cumplir todo preciado deseo, pero morirás. Sin

---

8   Nuestros espíritus atraviesan el *saṃsāra* dentro del *liùdào* (del chino: 六道, del japonés: *rokudō*, "seis caminos"). Este concepto budista mantiene que todos los seres sufren en uno de los seis estados de la existencia. Estos seis *gati* (del sánscrito: गति, "movimientos") dentro de la rueda del *liùdào* son: los seres del infierno (del sánscrito: *naraka-gati*, नरक, del chino: *dìyùdào*, 地獄道, del japonés: *jigokudō*), los los fantasmas hambrientos (del sánscrito: *preta-gati*, प्रेतगति, del chino: *èguǐdào*, 餓鬼道, del japonés: *gakidō*), los animales (del sánscrito: *tiryagyōni-gati*, तिर्यग्योनिगति, del chino: *chùshēngdào*, 畜生道, del japonés, *chikushōdō*), los ásura (del sánscrito: *ásura-gati*, असुरगति, del chino: *āxiūluódào*, 阿修羅道, del japonés: *ashuradō*, "demonios"), los humanos (del sánscrito:*manusya-gati*, मनुष्यगति, del chino: *réndào*, 人道, del japonés: *nindō*), y los *deva* (del sánscrito: *deva-gati*, Sanskrit: देवगति, del chino: *tiāndào*, 天道, del japonés: *tendō*, "dioses").

adversidades, no hay manera de compensar al *karma*. La única forma de escapar de este ciclo de sufrimiento es tener un cuerpo humano y alcanzar la iluminación, ya sea siguiendo la Ley Buddhā o el Tào, huyendo del sistema de vida y muerte. Por tanto, los únicos seres que están más allá de la vida y la muerte, de los tres reinos y de los seis caminos son: Buddhā, Tào y los dioses de los niveles superiores. La única manera de llegar allí es saltando primero al mundo de la ilusión. Por esta razón, lo mejor es renacer como un humano.

Esta creencia ha creado una rica complejidad en la que los humanos, deidades, demonios, animales y fantasmas interactúan. Si quieres escapar del ciclo del sufrimiento y existir para siempre, tendrás que buscar la Ley Buddhā o el Tào. Esto significa que tendrás que encontrar una manera de cultivar tu mente y cuerpo, y eso implica afrontar los demonios internos y externos. En el centro de todo esto radican los conflictos con uno mismo y el prójimo, y los conflictos constituyen la esencia de toda gran historia.

Esta es la cosmovisión del pueblo chino que se lleva practicando desde hace miles de años. Es la razón del viaje de Xuánzàng a la India. Regresa al origen de todo para recuperar los sūtras canónicos que salvarán a la humanidad.

La historia de Xīyóujì

Imagina un mundo plagado de maestros *gōngfu*, maravillosos paisajes chinos, dragones, animales parlantes, magia, dioses, demonios y una búsqueda épica que trae consigo un puñado de aventuras. Suena a *Dragon Ball*, ¿verdad?

Xīyóujì ilustra el peregrinaje del alma individual hacia la iluminación del sistema de cultivación de la Ley Buddhā.

Por el camino, los peregrinos derrotan monstruos, ayudan a la gente común y aprenden el bien a raíz del mal. Combinan los ideales budistas, taoístas y confucianos en una historia construida sobre la realidad, pero fusionada con las creativas historias culturales.

Aunque parezca mentira, la historia no comienza con Xuánzàng, sino con Sūn Wùkōng (孫悟空, 'suun wuu-kong', del japonés: Son Gokū, "el nieto mono consciente del vacío"). También se le conoce como Měihóu-*wáng* (美猴王, 'mai-hoh-wahng', del japonés: Bikō-ō, "el rey mono apuesto") y Qítiān-*dàshèng* (齊天大聖, 'chii-tii-en dah-shu-hng', "el Gran Sabio tan grande como el cielo"). Este es el personaje que inspiró la creación de Son Gokū en *Dragon Ball*.

El comienzo de la historia revela el origen de Sūn Wùkōng, su elevación al poder, la búsqueda de la inmortalidad y la ascensión al cielo donde causa el caos luchando contra los dioses. Las fuerzas del cielo intentan detenerle, pero es demasiado poderoso. No tienen otra elección que llamar a Buddhā para que les ayude. Al llegar, consigue darle al bromista Sūn su propia medicina y lo aprisiona bajo una montaña. Se deberá quedar ahí durante 500 años y comer una bola de hierro cada día, como penitencia por sus crímenes, hasta que el monje budista le alivie su sufrimiento.

500 años después se nos presenta a Xuánzàng, el monje Táng, que recibe una visión de su verdadera identidad en un sueño. Después, mientras se celebra una ceremonia religiosa, se le acerca Guānyīn Bodhisattva, que le revela que ha sido elegido por Buddhā para embarcarse en un gran viaje.

Xuánzàng ha experimentado varias fases de reencarnación hasta este punto, y es en esta vida en la que se le considera apto para esta misión divina. Guānyīn le nombra Sānzàng, la traducción china del *tripiṭaka* (del sánscrito: त्रिपिटिक, del chino: *sānzàng*, 三藏, del japonés:

sanzō, "tres cestas"), que encontraría en los sūtras que tiene que recuperar.

Tripiṭaka se refiere a las lecciones de los sūtras, los preceptos monásticos y la filosofía sistemática escrita por los monjes indios, cientos de años después de la muerte de Buda Śākyamuni.[9] Dado que el viaje del peregrino consiste en recuperar el *tripiṭaka,* le otorgan el mismo nombre honorario en chino.

Xuánzàng es el personaje que inspiró a Buruma en *Dragon Ball,* la chica que conoce a Son Gokū en el capítulo 1 y se lo lleva a la aventura en busca de las bolas de dragón, igual que hizo el monje con Sūn Wùkōng para recuperar los *sūtras.*

Sānzàng le habla al emperador de Táng sobre su providencia, y este nombra a Sānzàng su hermano menor, dándole el apellido de Táng (唐), con motivo de la propia dinastía. Sānzàng Táng (唐三藏, "las tres cestas del monje Táng"), como se le conoce igualmente, es obligado por el espíritu de Guānyīn a abandonar aquella China segura e iniciar el camino del dolor por el bien de los demás.

Se puede apreciar cómo algunas partes de esta historia están basadas en la genuina vida de Xuánzàng, mientras que otras son ficticias o fueron adornadas. En ambos casos, el monje cree que si la Ley Buddhā puede arraigarse en China, la iluminación llegará a los seres conscientes del mundo.

---

9   Las enseñanzas de Buda Śākyamuni no se pusieron por escrito hasta cientos de años después de su muerte, ya que sus enseñanzas se transmitían oralmente, de corazón a corazón. Con el establecimiento de las religiones y las filosofías basadas en estas enseñanzas, se dio a luz a un texto canónico. Así, los textos en India conforman la versión más fiel de sus palabras originales, pero igualmente abstraídas del boca a boca y el paso del tiempo. La mayoría de las enseñanzas budistas se derivan de estos textos.

Adoptando discípulos

El monje ahora tiene tres nombres, pero eso no le ayudará en su viaje. Necesita músculo. Por eso recibe ayuda celestial, cuatro guardianes que juran protegerle de los demonios y otras repugnantes criaturas.

Huelga decir que el monje no tenía constancia del recibimiento de esos compañeros, y estos últimos se olvidan de la visita del monje, a pesar de que Guānyīn les hablara de su inminente llegada.

Durante el camino se encontrará con Sūn Wùkōng atrapado bajo una montaña, el violento, salvaje e inmanejable Rey Mono al que liberará de su prisión *kármica*. Para controlarlo, Guānyīn le otorga a Xuánzàng una diadema mágica para que, mediante el engaño, se la ponga al Rey Mono. Una diadema es una banda circular que rodea la cabeza. Esta diadema en concreto se llama *jīngāng-lún* (金刚轮, del japonés: *kongō-rin*, "anillo rayo", "círculo relámpago" o "diadema *vajra*").[10] Una vez que Sūn se pone la diadema, se queda fija en su cabeza, estrechándose cada vez que el monje realiza el cántico *sūtra*, causándole un intenso e instantáneo dolor, similar al del impacto de un rayo. Este utensilio externo le obliga a controlar su mente, cambiando su comportamiento para evitar el sufrimiento. Después de algunos conflictos y conversaciones sobre la apropiada no-violencia budista, Xuánzàng le nombra primer discípulo. Ahora ambos son budistas peregrinos en una misión sagrada, y Sūn Wùkōng se convierte en su fiel guardaespaldas, con el objeto de proteger al monje y pagar así su deuda *kármica* con el cielo.

10　La *jīngāng-lún* de Sūn Wùkōng es una diadema hecha de metal. A menudo se diseña como una barra simple de metal cuyos remates coinciden en la parte delantera de la frente, curvándose hacia los lados opuestos.

Después de esto, conocieron a Zhū Bājiè (豬八戒, 'zhuu bah-llieh', del japonés: Cho-hakkai, "el cerdo de los ocho límites"), el hombre cerdo. Era un antiguo capitán general del ejército celestial que fue exiliado del cielo, pues durante una fiesta, bebió demasiado y se comportó de manera lujuriosa con la diosa de la luna. Después, con el proceso de reencarnación en la Tierra, hubo un error burocrático y terminó dentro de la madre de un cerdo, en lugar de una mujer. A pesar de su mala suerte, aún deseaba pagar sus deudas *kármicas* y regresar a su origen, convirtiéndose en el segundo discípulo del monje. Este personaje inspiró a Ūron en *Dragon Ball*.

Posteriormente, los peregrinos fueron atacados por Shā Wùjìng (沙悟淨, 'shah wuu-lling', del japonés: Sagojō, "arena consciente de pureza"), un demonio que vivía en un río lleno de arena que intentó comerse al monje. Fue un antiguo general del cielo que rompió un bol de cristal por accidente, siendo condenado a ir a la Tierra para reparar su deuda *kármica* y constituyéndose como el tercer discípulo del monje. Este es el personaje que inspiró a Yamucha en *Dragon Ball*.

Aunque a veces se olvide, es importante mencionar al caballo blanco del monje Táng. Se llamaba Bái Lóngmǎ (白龍馬, 'buy lohng-mah', del japonés: Shiro-ryūma, "caballo dragón blanco"), un príncipe dragón que cometió pecados en su vida anterior al desobedecer a su padre. También desea volver a su origen, a su verdadero ser. Para hacerlo, se convierte en la bestia de carga, transportando al monje y a su equipaje en el viaje de ida y vuelta. Creo que este personaje inspiró la moto blanca de Buruma en el primer capítulo de *Dragon Ball*, aunque estaríamos ante una relación muy vaga, y más teniendo en cuenta que no volvió a aparecer en la historia de Toriyama.

Toriyama confirmó en el *Daizenshū 2* que estos personajes inspiraron a su elenco en *Dragon Ball*: "Buruma era Xuánzàng, Ūron era Zhū Bājiè y Yamucha era Shā Wùjìng".

La historia de Xuánzàng parece abordar su aventura en solitario y cómo fue superando los retos por sí mismo, pero en la obra de *Xīyóujì* todo se centra en un grupo de personajes que comparten una causa similar. Sūn Wùkōng es poderoso, pero se ve obligado a proteger a su maestro y no puede completar el viaje sin los demás. Zhū, Shā y Bái también son seres sobrenaturales, pero confían los unos en los otros y afrontan juntos todos los retos. Dicho esto, a Sūn Wùkōng le gusta pelear por su cuenta, de la misma manera que Son Gokū prefiere luchar contra sus oponentes en solitario, pero confiando en sus amigos cuando tiene que hacerlo.

Esta semejanza marca el inicio de su aventura.

Adversidad y liberación

Estos cinco peregrinos acumularon *karma* en sus vidas anteriores, quedando atrapados en el laberinto vital de la Tierra. Para pagar esta deuda y alcanzar la liberación, tuvieron que resistir 81 tribulaciones en su camino hacia el Oeste.[11]

Hay exactamente 81 tribulaciones porque el número 9 significa, en chino, circuito circular o infinito. Completar un trayecto de '9 veces 9' implica recorrer "ese circuito" de principio a fin, hasta regresar al origen. Durante el proceso, se trascenderán las barreras del tiempo y el espacio

---

11   Una de las razones por la que los peregrinos se dirigen al oeste, aparte de la lógica geográfica, es que, en la cultura china, Buddhā y su paraíso están situados en el oeste. "*Dàodōng fóxī*" (道東佛西, "Tào hacia el este, Buddhā hacia el oeste"). Esto genera un paralelismo poético entre su viaje físico y su travesía espiritual. Cuanto más cerca están de los *sūtras*, más cerca están del cielo. Cuando recuperen los *sūtras*, habrán alcanzado la iluminación.

de los tres reinos. Si fracasaran en una sola prueba, los peregrinos no podrían escapar del ciclo del *saṃsāra*, ni alcanzar la otra orilla del *nirvāṇa* (del sánscrito: निर्वाण, del chino: *nièpán*, 涅槃, del japonés: *nehan*, "liberación", "extinción" o "apagado").[12]

Con estos cuatro guardianes budistas conversos a su lado, Xuánzàng salió victorioso de enfrentamientos contra animales salvajes, reyes demonio, un tigre diablo, chicas sexys, políticos corruptos, climas adversos, timadores, piratas, superhombres, metamorfos, miasmas malvados y pesadillas internas en su viaje hacia los *sūtras*.

Cuando finalmente llegaron al monasterio de la India, recibieron los *sūtras*, pero los documentos estaban en blanco, pues solo habían completado 80 tribulaciones en lugar de las 81 estipuladas. Sin embargo, no se dieron cuenta de que los *sūtras* estaban en blanco y que precisaban este requisito sagrado. Así que, cuando emprendieron su regreso a China, fueron atacados por un águila de oro gigante, la propia manifestación de Buddhā que pretendía calibrar sus reacciones emocionales y comprobar si realmente tendrían la voluntad de regresar al monasterio. Cuando mostraron su convicción y deseo de regresar, Buddhā les teletransportó al instante, otorgándoles los auténticos *sūtras*. Gracias a su determinación y resistencia lograron completar las 81 tribulaciones, pagar su deuda *kármica* y completar su misión en la Tierra.

Habiendo resuelto su destino y mejorado su carácter moral, pudieron acceder al nivel celestial y recuperar sus puestos originales. Llegados a este punto, todos llegaron al límite de su adiestramiento, pues habían aprendido su lección gracias al viaje de su vida. Los peregrinos solo pueden alcanzar la madurez a través del riesgo, los com-

---

12   *Nirvāṇa* es el concepto budista que hace referencia a los deseos de extinción y a las ataduras, para lograr un estado de felicidad no-dual o iluminación. La liberación del ciclo *saṃsāra*.

bates, las mentiras, los engaños, la desconfianza, el peligro de muerte, la tentación y la reconciliación. Las situaciones del exterior permiten mejorar tu interior.

Los viajeros fueron liberados y trascendieron la vida y la muerte, justo como Buddhā y los dioses. Xuánzàng se convirtió en el *tán-gōngdé-fó* (檀功德佛, del sánscrito: Buda *Candana-puṇya*, चंदनपुण्यबुद्ध, "Buddhā sándalo", o "Buddhā de virtud"),[13] en concordancia con sus méritos virtuosos.

Sūn Wùkōng levantó sus manos para sentir la diadema *jīngāng-lún* que aprisionaba sus instintos violentos, pero descubrió que había desaparecido de su frente. Consiguió transformar su mente durante el camino, haciendo desaparecer su prisión externa: la diadema. En aquel momento ascendió al *dòu-zhànshèng-fó* (鬥戰勝佛, "Buddhā victorioso en combate").[14]

Zhū Bājiè no acabó con su hambre y lujuria, pero sí realizó buenas acciones y acumuló virtud, por lo que se le honró con el sagrado *jìngtán-shǐzhě* (淨壇使者, "el señor limpiador de la misión"), viajando a los altares de sacrificio de todo el mundo para saciar su apetito con manjares.

Shā Wùjìng alcanzó el nivel de *jīnshēn-luóhàn* (金身羅漢, "cuerpo dorado de Arhat"),[15] escapando del ciclo *saṃsāra*.

Y Bái Lóngmǎ se transformó en un *wèibābù-tiānlóngmǎ* (為八部天龍馬, "caballo dragón celestial de las ocho clases"),

---

13   El sándalo es un símbolo de virtud y mérito del budismo, así que el título de Xuánzàng hace referencia a la virtud que acumula durante su viaje.

14   El título superior de Sūn Wùkōng también se escribe *dòu-zhàn-fó* (鬥戰佛, "el Buddhā luchador de la guerra"). Este nombre tiene un claro paralelismo con Son Gokū en *Dragon Ball*, ante su amor por la lucha.

15   Un Arhat (del sánscrito: अर्हत्, del chino: *luóhàn*, 羅漢, del japonés: *arakan*, 阿羅漢, "el digno") es un ser despertado que trasciende la vida y la muerte. El primer nivel de la iluminación, por debajo de Bodhisattva.

elevándose hacia los cielos.

Al final recuperaron los sūtras y alcanzaron la iluminación, regresando a sus orígenes y ayudando siempre a las personas de todo el mundo. Estos fueron los ideales budistas, taoístas y confucianos que se entremezclaron en un final perfecto.

Analogía vital

Xīyóujì es tan popular porque es una analogía de la propia vida.

Xīyóujì funciona como una fantástica representación de la histórica búsqueda de Xuánzàng, combinada con leyendas chinas, creencias populares y matices religiosos. Esta mezcla de religión y realidad la hace atractiva. Más allá de la propia aventura, el mensaje subyacente de la historia es que los personajes se mejoran a sí mismos en medio de crecientes adversidades. Es la misma idea que encontramos en *Dragon Ball*, y por eso la serie es tan popular. *Dragon Ball* nos invita a creer que somos intrínsecamente buenos y podemos mejorar. Aunque cometamos errores, podemos encontrar la redención y la salvación. Tenemos que perder para ganar, y estas historias nos recuerdan que sufrir no tiene nada de malo si es por una causa más noble.

Los lectores también emprenden un peregrinaje con su mente. Cada pequeña historia de los 100 capítulos del libro tiene analogías y lecciones éticas sobre cómo superar el odio, la gula, la lujuria, el deseo y cómo aprender a ser humildes, misericordiosos, honestos y valientes contra las dificultades de la existencia humana. La historia contiene una profunda sabiduría y conceptos pragmáticos, al igual que el más puro surrealismo y sinsentido, todo equilibrado mediante la poesía, el combate físico y la sátira. Cada personaje zoomorfo parece ser humano, con sus propias debilidades y pasiones. Todos ellos irradian luz sobre nuestros puntos flacos y aportan conocimiento sobre nuestra humanidad. Al apreciar su hipocresía cuando se muestran por debajo de sus ideales, reflexionamos sobre nuestros defectos y luchamos para hacer de nuestros propios ideales una realidad.

Esta historia es un tratado épico sobre el significado de la vida y de la posición de la humanidad en nuestro mundo. A través de ejemplos, nos enseña que podemos desprendernos de nuestros vicios y adquirir virtudes. O como a mí me gusta expresarlo, dejar de hacer cosas malas y seguir haciendo el bien. El avance externo de los peregrinos depende de su progreso espiritual, interno, y de la habilidad para alinearse con los niveles más altos de su fe. Cuando cumplen con la ética de su sistema de creencia, avanzan.

Este concepto se debe comprender bien, pues en épocas anteriores al pensamiento chino, un hombre no podía pagar el coste de todo su *karma* en una sola vida: tenías que atravesar diferentes fases de reencarnación. Sin embargo, conforme estos sistemas de creencia evolucionaron con el tiempo, dieron lugar a la idea popular de la era Wú Chéng'ēn, en la que la auto-iluminación se podía conseguir en una sola vida, aprendiendo el principio de la causa y efecto.

Los actos egoístas desencadenan un aumento del sufrimiento, mientras que el sacrificio desemboca en el cese del dolor y la consecución de la liberación. Hay un castigo o un premio cíclico por tus actos, palabras y pensamientos, hasta que aprendes lo que necesitas para mejorar tu carácter. Es el proceso del castigo lo que trae consigo milagros.

Esto se convirtió en un tema común en las historias budistas de la posterior dinastía Míng, como *Xīyóujì* y otra novela llamada *Jīnpíngméi* (金瓶梅, "*El loto de oro*" 1610).[16]

---

16 *Jīnpíngméi* (金瓶梅, "*El loto de oro*") es una obra de arte junto a

Ahora es posible pagar tus deudas y recibir la bendición caminando por el arduo sendero del autoaprendizaje. La expansión de estas historias hacia el público masivo ayuda a difundir este mensaje: una persona puede lograr la propia liberación si tiene voluntad y un camino a seguir. Los personajes de todas estas historias transitan el camino del peregrino a través del infierno, para en última instancia llegar al cielo. Esto quiere decir que el lector también puede hacerlo.

El paralelismo más cercano a *Xīyóují* en Occidente es *El progreso del peregrino* (1678), de John Bunyan (28 de noviembre de 1628 – 31 de agosto de 1688 D.C.). Esta historia trata de un hombre llamado Christian que, por medio de la ensoñación, viaja desde la "Ciudad de la Destrucción" (la Tierra) hasta la "Ciudad Celestial" (el cielo), para arrepentirse de sus pecados y lograr la salvación en Cristo. *Le Comedia* ("*La Divina Comedia*" ~1321) del poeta italiano Dante Alighieri (1265 – 1321 D.C.) es otro ejemplo muy icónico. Aquí Dante nos cuenta la historia de un hombre que tiene que atravesar el infierno, el purgatorio y el cielo para encontrar la belleza.

Ambas son historias similares a las de *Xīyóují*, con la diferencia de que, en esta última, los peregrinos logran la autorrealización y la liberación. Esto se debe a las diferencias culturales, pues si en Oriente se centran en el ámbito interno y la autorrealización, en Occidente se focalizan en una salvación externa a través de un poder superior. Es la diferencia entre apuntar al "alma" o a la "mente". La elevación de la mente y el corazón mediante la iluminación constituye el núcleo de los tres sistemas de creencia de China. No obstante, incluso en *Xīyóují* los aventureros reciben asistencia externa divina para estimularles, bien de casualidad, bien por la providencia, para que sigan per-

---

Xīyóují y otros clásicos mencionados anteriormente. Cuenta la historia de las estridentes aventuras sexuales de un noble y sus consortes.

siguiendo sus objetos externos.

Esta idea de la autorrealización partiendo del interior, combinada con la intervención divina desde el exterior, se entreteje en *Xīyóujì*. No sorprende que la versión de Toriyama de *Xīyóujì* comparta estos tratos y tenga un impacto tan inspirador en sus lectores. Mientras que Gokū está inmerso en su búsqueda, a menudo recibe asistencia externa de los dioses, pero sus propios esfuerzos son los que le permiten llegar allí primero y superar sus próximos retos. Esto provoca que adoptes una perspectiva del mundo similar en tu propia lucha vital.

Los autores de tales historias mezclan hechos históricos y verídicos con la fantasía y ética moral, inculcando un compendio de auténticos valores al lector, con la esperanza de hacerle despertar y ayudarle a corregir sus caminos erróneos.

Ahora descubramos por qué Toriyama eligió a *Xīyóujì* como modelo para *Dragon Ball*, y veamos cómo adapta la historia a su propio estilo.

El Xīyóujì de Toriyama

Los ARTISTAS MIRAN al pasado para buscar la inspiración. Para emprender su viaje, el monje Táng se inspiró en las enseñanzas budistas y el arte creado por los que vivieron antes que él. Su periplo, posteriormente, inspiró a diferentes artistas, exagerando sus vivencias y convirtiéndole en una leyenda. Esta leyenda se convirtió en una de las historias más populares de Asia, y 400 años después, Toriyama creció con ella y repitió todo el proceso creativo, dando a luz a *Dragon Ball*. Esto a su vez inspiró, posteriormente, a millones de personas a vivir al máximo, a convertirse en artistas y a perseguir sus sueños. *Xīyóujì* es el puente que conecta la vida real de Xuánzàng con la fantasía de *Dragon Ball*.

¿Por qué eligió Toriyama a *Xīyóujì* como modelo? En el *Daizenshū 2* afirmó: "Dado que *Dr. Slump* se había ambientado en un escenario occidental, decidí cambiar esa impresión e impregnar un panorama chino en mi nuevo trabajo. Si iba a darle dicho toque, pensé que lo ideal sería basar la historia en *Saiyūki*. *Saiyūki* es absurdo y tiene elementos aventureros, así que supongo que decidí modernizarlo ligeramente. Pensé que sería más fácil si dicha historia me servía como base, ya que todo lo que tenía que hacer era organizar sus elementos".

Hacer uso de *Xīyóujì* (*Saiyūki*) parece fácil, teniendo en cuenta los 5.000 años de cultura china que se cocinan en su historia. Parece sencillo, pues su cultura penetra en cada aspecto de la sociedad del Este Asiático, y su contenido, los personajes y el título del libro conforman la cultura popular. Y también parece fácil porque, aunque albergue una lección moral y espiritualidad, también es una obra absurda y despliega combates y poderes sobrenaturales.

Si vas a crear algo "chino", entonces quizás es una buena idea utilizar como modelo la historia china más famosa de Japón. Basándose en la historia de *Xīyóujì*, adquirió el poder para llegar a una consciencia colectiva que reconociera su obra. El público sentía una sensación positiva por este *manga* antes de leerlo, pues ya amaban la historia original. Crecieron con *Xīyóujì*, así que estaban predispuestos a sentir lo mismo con la versión de Toriyama.

Pese a que *Dragon Ball* no sea un clon de *Xīyóujì*, los paralelismos abundan. A veces son obvios, como los nombres de Son Gokū y Sūn Wùkōng, pero en otros casos se prestan a que el propio lector identifique la fuente original en cuestión. Echemos un vistazo a cómo *Xīyóujì* inspiró la obra maestra de Toriyama, y cómo esta última inspiró, más tarde, a los fans de todo el mundo.

¿Xīyóujì o Saiyūki?

Suelo intercalar los títulos de *Xīyóujì* y *Saiyūki* porque *Xīyóujì* es el nombre chino original de la historia, mientras que *Saiyūki* es el equivalente japonés traducido a mediados del siglo XVII y principios del siglo XVIII.[1] Estamos ante

---

1   De acuerdo con *The Indiana Companion to Traditional Chinese Literature: Volume 1* (1986, por William H. Nienhauser, Jr., p. 304), la traducción de *Xīyóujì* al japonés data de 1758, con varias entregas entre 1758–1831, y probablemente, varios traductores. La traducción formal fue iniciada por un grupo de intelectuales en Edo, fundado por Ogyū Sorai (荻生 徂徠, 21 de marzo de 1666 – 28 de febrero de 1728). Esto revelaba las políticas a puerta cerrada del gobierno de Tokugawa, pues se necesitaron 235 años para que *Xīyóujì* recibiera una traducción completa en japonés, a pesar de su fama e importancia en China durante los siglos XVII y XVIII. Debido a su llegada tardía a Japón, es también reveladora la calidad de *Saiyūki*, que se hizo muy popular rápidamente.

una historia china llena de cultura china, así que tiene más sentido que me refiera a ella con su idioma nativo. Sin embargo, a veces utilizo el otro nombre de manera excepcional, cuando Toriyama o alguno de los miembros del equipo que están detrás de *Dragon Ball* se refieren a la historia como *Saiyūki*. En ese caso la cito textualmente, porque *Saiyūki* se considera una historia japonesa en la cultura nipona.

¿En serio? Pues sí, al igual que hay personas que ven la serie de *Dragon Ball* y no se dan cuenta de que es japonesa, también hay japoneses que no saben que *Saiyūki* es chino. *Saiyūki* está tan ligado a la cultura japonesa que, para ellos, Mono y el resto de personajes son japoneses. Desconocen que todo viene de China, que todo tiene lugar en allí, que todos los personajes son chinos.

Por ejemplo, en 2013, conocí en Nueva York a una japonesa de unos 20 años que pensaba todo esto. Conforme caminábamos por Central Park, intenté decirle de manera educada que era una historia china, pero después de un par de intentos, pensé que lo mejor era dejarlo. Es un tema tan arraigado en la cultura japonesa que le fue difícil aceptarlo. Al final, creo que lo comprendió, pero le llevó un rato superar aquella idea.

Otra razón para utilizar los nombres chinos es que Sūn Wùkōng y Son Gokū resultan dinámicos. Son Gokū, en *Dragon Ball*, está inspirado en el Sūn Wùkōng de *Xīyóujì*, pero en el equivalente japonés *Saiyūki*, el nombre de Sūn Wùkōng es Son Gokū. Así que si usamos el nombre de Son Gokū para ambos personajes, sería confuso saber de quién estoy hablando sin el contexto. Utilizando diferentes nombres todo es más fácil de comprender.

Creciendo con Saiyūki

Como la mayoría de los niños japoneses, Akira Toriyama creció escuchando la historia de *Saiyūki*.

Toriyama es un fan del *manga-ka* Tezuka Osamu, y Tezuka creó una versión *manga* de una historia llamada *Boku no Son Gokū* (ぼくのそんごくう, "*Mi Son Gokū*", 1953). Este exitoso manga se convirtió en una película animada titulada *Saiyūki* (西游记, 1960, conocida también como "*Alakazam el Grande*", 1961).[2]

---

2 *Saiyūki* (西游记, "*Viaje al Oeste*", 1960) se rebautizó como "*Alakazam el Grande*" (1961) en Estados Unidos, pues albergaba tanta cultura oriental que resultaba difícil que el público occidental la pudiera aceptar. O al menos esto es lo que pensó el estudio de producción, American International Pictures (AIP, fundado en 1954) cuando localizaron el largometraje. Cambiaron toda la cultura oriental al equivalente occidental. Por ejemplo, el nombre de Son Gokū se cambió por Alakazam, y en lugar de aprender las artes inmortales taoístas bajo un maestro budo-taoísta llamado Xūpútí, aprendía magia gracias a "Merlín el Encantador". En lugar de desatar el caos en el cielo, ocasionó un revuelo en "Tierra Majutsu", y en vez de desafiar a Buddhā, fue derrotado por el humano "Rey Amo". Luego fue obligado a convertirse en el guardaespaldas del "Príncipe Amat", en lugar de proteger al famoso monje budista, y fue ayudado por la "Reina Amass", Guānyīn Bodhisattva. Los cambios no cesaron ahí, pues a Zhū Bājiè le nombraron "Señor Quigley Broken Bottom". La película no fue un éxito, a pesar de la impresionante animación japonesa, el extenso argumento y los actores de doblaje de primer nivel de Hollywood, tales como el rompecorazones americano de los años 60, Frankie Avalon (nacido el 18 de septiembre de 1940), que doblaba a Gokū cuando cantaba. Creo que esto sirve como ejemplo de cómo un producto cultural extranjero se puede llegar a localizar hasta despojarlo de toda su esencia. Sin embargo, es divertido verla, especialmente cuando la comparas con la historia original.

Fue producida por Tōei, la compañía que creó el *anime* de *Dragon Ball* 25 años después. Toriyama tenía 6 años cuando se estrenó, y probablemente la vio en televisión o leyó el *manga* siendo un niño. Quizás también disfrutó de otras versiones de *Saiyūki*, pues esta historia se readaptó en incontables ocasiones en películas, videojuegos, programas de TV, *anime*, *manga* y obras de teatro.

Por ejemplo, una de las versiones chinas de *Xīyóujì* que se hizo más popular en el Este Asiático fue desarrollada por "Shaw Brothers", los creadores del cine clásico *gōngfu* de Hong Kong. La obra se tituló *Xīyóujì* (西游记, *"Mono viaja al Oeste"*, 1966) y constaba de 4 películas de imagen real que utilizaban ropajes, paisajes alegres, números musicales, efectos especiales y trucos de cámara para representar diferentes momentos de la historia original. Aparte de esto, se emitió durante los años 70 una serie japonesa titulada *Saiyūki*.

Esta tendencia de lanzamientos para con *Xīyóujì* continuó durante los años 70, 80, 90... y todavía hoy sigue vigente. Cada dos años, una nueva versión de la historia sale a la luz en alguna parte del mundo. Por ejemplo, hay una película llamada *Xīyóu Jiàngmó-piān* (西遊·降魔篇, *"Viaje al Oeste: La conquista de los demonios"*, 2013), realizada por el director, escritor y actor de artes marciales hongkonés Stephen Chow (del chino: Chow Sing-Chi, 周星馳, nacido el 22 de junio de 1962).[3]

La película de Chow cuenta la historia de Xuánzàng con humor, realizando libres modificaciones en pos del efecto cómico. No solo se convirtió en la película china que más dinero recaudó en todo el mundo, con 215 millones de dólares,[4] sino que a Toriyama le encantó. Para acompañar

---

3   Chow Sing-Chi (周星馳) es el nombre cantonés de Stephen Chow. En mandarín se pronuncia Zhōu Xīngchí.

4   La recaudación en taquilla de *Xīyóu Jiàngmó-piān: http://www. boxofficemojo.com/movies/?page=intl&id=journeytothewest.htm*

el estreno de la película en los cines japoneses, dibujó una ilustración de Sūn Wùkōng con su armadura tradicional, tal y como se representó en la película, junto a un mensaje en el que elogiaba su humor y brillante dirección. "¡Esto es lo máximo que podía esperar de mi cine palomitero ideal!"[5] Concretamente, admiró cómo el largometraje hacía todo lo contrario al resto de adaptaciones, llegándolo a denominar "una maravillosa traición". Por ejemplo, Sūn Wùkōng es el villano. Tal y como leerás en este capítulo, Toriyama siempre intentaba hacer lo contrario a lo que te esperabas, así que valoró que otro artista también hiciera eso, especialmente con esta historia. Y continuó diciendo: "¡¡Ha sido el *Saiyūki* más grande que he visto, tanto que no sé ni cómo expresarlo!!"

El caso es que es imposible no conocer *Xīyóujì* y *Saiyūki* si has crecido en Japón o en China.[6] Todo el mundo conoce y ama la historia. Esto supuso una ventaja para Toriyama cuando decidió crear su propia versión.

La versión de Toriyama

Toriyama pensó que sería fácil usar *Xīyóujì* como el modelo de su historia porque todo lo que tenía que hacer

5   La ilustración de Sūn Wùkōng de Toriyama y su elogio a la película de Stephen Chow: *http://www.kanzenshuu.com/2014/11/07/akira-toriyama-draws-sun-wukong-in-support-of-chow-film/*

6   Una popular versión cinematográfica de *Xīyóujì* fuera del Este Asiático fue *Gōngfu zhīwáng* (功夫之王, "El reino prohibido", 2008) protagonizada por Jackie Chan y Jet Li (del chino: Lǐ Liánjié, 李连杰, nacido el 26 de abril de 1963). Esta producción chino-americana fue la primera película en reunir a estas dos superestrellas de las artes marciales, y fue una adaptación norteamericana de la historia original, realizada para agradar al público occidental.

era organizar sus elementos. Al final no resultó ser así y su perspectiva artística sacó lo mejor de él.

Eligió *Xīyóujì* para llegar a una consciencia colectiva que se sintiera familiar con la historia, pero creyó que siguiendo la obra original a raja tabla todo sería demasiado serio y aburrido, y nadie la leería al ser igual que la original. Así que cogió la esencia de la historia, el ambiente que hace posible la aventura (los combates, las deidades y el contenido cultural) y empezó a garabatear su propia historia con la mezcla de esos aspectos. Como buen artista, quería ser innovador, por lo que el comienzo de la historia se emplazaba en un territorio familiar para luego desembocar en nuevos horizontes. Por eso *Dragon Ball* se parece a *Xīyóujì* si estás familiarizado con su historia, pero a su vez, sigue siendo algo original que funciona por sí mismo, aunque desconozcas la obra en la que se inspira.

Toriyama escoge personajes, escenarios y personalidades de *Xīyóujì* de manera que encajen en el devenir de la historia. Conforme confeccionaba el argumento, tomaba prestados elementos de diferentes capítulos de la obra original. Personajes que originalmente eran hombres los convertía en mujeres, a los malvados los transformaba en buenos y los estereotipos se invertían por el bien del humor o la evolución de la historia. Con el avance de su obra, tomaba cada vez menos elementos prestados, pero seguía manteniéndose fiel a la temática y cosmovisión originales.

El espíritu de la versión de Toriyama es familiar y antiguo, y al mismo tiempo, desprende una esencia nueva y diferente.

Simplificado durante el tiempo

Xīyóujì es una aventura seria minada por el humor. *Dragon Ball* es una aventura llena de humor minada por incluso más bromas, pero por debajo de todos estos chistes, su historia tiene sentido. Esto se debe a que el éxito histórico de estas obras apunta a la simplificación y el humor, distanciándose del tono serio y religioso. Con cada evolución, la historia se vuelve más querida para el público llano, difundiéndose su lectura. Sin embargo, esto tiene un precio. La versión de *Xīyóujì* de Toriyama está tan simplificada y alejada de la fuente que si no estás familiarizado con la original, quizás no puedas reconocerla.

Cuando el Xuánzàng de la vida real recibió la visión divina y la llamada de la aventura, respondió con máxima seriedad. La compasión se desarrolló en su corazón y sintió que si podía traer de vuelta a China las palabras originales del Buddhā Śākyamuni, innumerables personas podrían escapar del ciclo *saṃsāra*. En su cabeza no había una empresa vital mayor.

Conforme la fama de los viajes de Xuánzàng ganaba prestigio, se fueron añadiendo elementos imaginarios, como los animales parlantes que le acompañaban, los demonios, los dioses y las bromas. El humor se añadió por el bien del entretenimiento, haciendo que las leyendas, las obras de teatro y el libro final de *Xīyóujì* fuera atractivo para todo el mundo y se convirtiera en un gran fenómeno. El libro utilizaba la misión divina como el vehículo para contar la historia, pero la capa de comedia la hacía atractiva, mereciendo la pena ser contada una y otra vez.

Cuando Toriyama hizo su propia versión de *Xīyóujì*, ofreció lo contrario de lo que esperaba el lector. La hizo menos seria, eliminó las referencias visuales que incluían los directores de cine, se centró en el humor, en pasarlo bien, creando una aventura desenfadada y desarrollándola sobre la marcha. Por esto se hizo más popular que *Xīyóujì* cuando se publicó por primera vez, y por ello es más conocida en todo el mundo que la aventura real de Xuánzàng.

Al igual que otros autores de la dinastía Míng, Wú Chéng'ēn esperaba que sus lectores estuvieran educados y albergaran un conocimiento general de los textos filosóficos y religiosos, de la historia, que fueran conscientes de su país y sistema político, de la cultura popular de aquel entonces y de los sucesos más recientes, y que tuvieran la voluntad de leer una novela larga en formato episódico. Todo esto supone en nuestra época una hazaña. Toriyama no podía seguir esos mismos pasos para su joven público japonés, chicos de los años 80, así que hizo una obra más simple para que fuera más accesible, más "fácil de comprender" y divertida.

Echando la vista atrás, podemos ver que la tendencia se alejaba del contenido religioso y se inclinaba más al humor. La cultura tradicional todavía seguía estando presente, pero más gente podía disfrutar de la historia si se eliminaba la doctrina y se utilizaba un lenguaje menos formal, con humor y conceptos visuales que lo simplificaran todo. Sin embargo, al elegir a *Xīyóujì* como modelo para *Dragon Ball*, Toriyama incorporó inconscientemente 5.000 años de cultura china en su historia, y si os interesa descubrirlo, tendréis evidencias en cada página.

Muchos fans de *Dragon Ball* solo son capaces de apreciar la historia de manera superficial. Después de leer *Dragon Ball Cultura*, el humor seguirá siendo divertido y los combates no dejarán de ser emocionantes, pero también podrás ver más allá del exterior y descubrir el corazón de su espiritualidad oculta.

Espiritualidad oculta

¿Qué es más fácil de aceptar y comprender? ¿Un tomo de 2.500 páginas escrito en chino hace cientos de años? ¿Un *manga* para niños? ¿Un *anime* para niños? ¿Un taquillazo de Hollywood en el que hombres y mujeres atractivos utilizan las artes marciales para matar robots, los cuales contraatacan con pistolas y explosiones? Probablemente esto último es lo más interesante, ¿verdad?

Y aquí entra en acción *Matrix* (1999), una de las películas más espirituales jamás creadas, aunque la superficie esté protagonizada por un programador que lucha contra máquinas.

Muchos fans que vieron *Dragon Ball* quizás no se dieron cuenta de su contenido espiritual, y esto se debe a tres razones.

Primero, Toriyama evitaba mencionar la religión o la espiritualidad sectaria a menos que se tratara de una broma. Creó personajes y personalidades de diferentes creencias y cosmovisiones, pero los temas religiosos e históricos de *Xīyóujì*, aunque estuvieran presentes, nunca se explicaron.

Segundo, la espiritualidad en el arte se ha simplificado con el tiempo hasta ocultarse, así que los mensajes se introducen de manera sutil o encubierta, haciéndolos más aceptables para una audiencia más amplia. Aunque Toriyama dijera que su obra no tenía un tema o mensaje, estaba ahí implícito todo el tiempo.

Tercero, *Dragon Ball* está lleno de conceptos espirituales como la energía vital interna, los poderes sobrenaturales, los dioses y demonios, el cielo y el infierno, y otros temas que quizás puedas atribuir a la religión. Aunque todo esto está en la obra, Toriyama no los analiza. Simplemente los utiliza como gasolina para propulsar su argumento.

Cada uno de los vehículos artísticos mencionados arriba

involucra a los combates. El peregrinaje espiritual original de Xuánzàng no implicaba mucha acción, salvo cuando tenía que salvar su propia vida de los bandidos. Era un budista después de todo. Pese a ello, siglos después de su regreso, se fueron incluyendo combates y poderes sobrenaturales a su historia. Su viaje espiritual solo fue posible gracias a los poderosos guerreros que mataban a los demonios que intentaban detenerle. Con el paso de los siglos, se hizo más énfasis en los combates, dejando a un lado la búsqueda espiritual. Finalmente, llegamos al punto en el que nos encontramos hoy con *Dragon Ball* y el cine, donde casi todo el peso recae, prácticamente al 100%, en la acción y el humor, dejándose el mensaje espiritual oculto dentro del subtexto de la historia. Los artistas marciales son el medio del mensaje, pues son intrínsecamente espirituales y están conectados con el paradigma de la mente-cuerpo. El proceso convencional del auto-conocimiento de un espiritualista se desarrolla internamente, pero los movimientos del artista marcial son visibles, ostentosos y atractivos. No se necesita comprender lo que ocurre en su interior para apreciar lo que ofrecen en el exterior, y por eso hay un gran público fuera de los reinos religiosos y espirituales que disfruta con estos conceptos. Y disfrutan porque todo se presenta de un modo diferente, alejado del método religioso. Los artistas marciales constituyen el puente que une lo secular y lo no religioso.

La acción, la emoción y el humor conforman una verdadera fiesta que llega a tu mente con su atractivo, para después explotar y revelar todo su contenido. Los aspectos éticos y espirituales siempre han estado ahí, pero quizás no fueron tan evidentes en tu juventud. Conforme maduras con ellos, tus experiencias vitales te obligan a pararte a reflexionar sobre lo que ves en la serie, a dibujar paralelismos entre ambos mundos. Entonces empiezas a darte cuenta de que las elecciones que has estado haciendo durante tu vida pueden alterarse para mejor, pensando en cómo un personaje de tu serie favorita adopta sus decisiones. Finalmente, la línea entre la serie y tu vida se difumina y empiezas a tomar a sus personajes y acciones como ideales. El momento en el que te influyen para cambiar tu vida en la dirección de sus valores es el momento en el que la espiritualidad de tu corazón aflora a la superficie.

Cuando Gokū se llevaba al límite, se enfrentaba al sufrimiento y salía victorioso de una larga batalla, te regalaba el ideal de la lucha. Es poderoso pero bondadoso, lucha para proteger a los demás y siempre quiere mejorar. Consigue que la gente quiera ser mejor y persevere con la adversidad.

Cada uno de los personajes de *Dragon Ball* representa un atributo interno ideal. El humor de Toriyama hace que su apariencia exterior sea justo lo contrario, velando su naturaleza oculta. Así que, solo cuando eres un fan que lleva muchos años siguiendo la obra puedes ver a estos personajes como realmente son, apuntando a su interior. Ahí es cuando todo se vuelve más claro y así de poderosa es esta serie. Entonces, cuando aplicas estos ideales en tu propia vida, se produce un cambio en ti.

He recibido cientos de historias de fans de todo el mundo, historias en las que me cuentan lo importante que es *Dragon Ball* para ellos, y sé que no están solos.

Por ejemplo, Michael, de Estados Unidos, compartió conmigo que durante su adolescencia había caído en una época muy oscura, y la oportunidad de ver a Gokū y sus amigos perseverar, pese a las situaciones más complicadas, le llenó de esperanza y le inspiró para seguir luchando, en busca de lo mejor para él. También me comentó que Gokū fue su gran modelo y su perspectiva ante la vida sigue con él a día de hoy.

Otro fan llamado Jed, de Filipinas, me dijo que la serie le inspiró para ser fuerte, no para luchar contra los demás, sino para ser fuerte consigo mismo. En su opinión, *Dragon

Ball era una representación de cómo abordar la vida diaria, sin rendirse y entrenando sin cesar para hacerse más fuerte. Me dijo que si lograbas tu meta con trabajo duro, seguirías entrenando incluso más duro, pues era consciente de que siempre había un obstáculo más duro a lo largo de la vida. De hecho, comentaba que cuando encontraras ese obstáculo, debías emocionarte, porque ese reto sería el mayor combate de tu historia, y así es cómo Son Gokū lo afrontaría.

Cuando Jed tenía 14 años, su padre le llevó de viaje a Fuji-*san* (富士山, "Monte Fuji"), en Japón. Cuando los dos estaban escalando la montaña con sus pesadas mochilas, Jed empezó a cansarse y sus piernas le empezaron a doler. Su padre le dijo que no pasaba nada si tenían que parar de escalar o volver atrás, pero Jed recordó cómo Gokū perseveró en su entrenamiento con el caparazón de tortuga a su espalda, y continuó avanzando paso a paso. Al igual que Gokū, Jed no cesó de caminar hasta que alcanzó la cima de la montaña. Aquella experiencia le hizo sentirse muy orgulloso de sí mismo. *Dragon Ball* fue una inspiración para él, para hacerse más fuerte, y no físicamente, sino para con su voluntad. Su vida siempre había sido dura y continuaría siéndolo. No podía esconderlo o huir de aquello, así que seguiría afrontando su destino de frente.[7]

Como puedes ver, los artistas marciales son el medio por el que se transmite el mensaje. Al igual que dijo Jed, no se trata de conquistar a los demás, sino de conquistarte a ti mismo.

Xīyóujì es una simplificación de la cultura popular de estas creencias tradicionales. Una vez, los secretos esotéricos de los monjes y la nobleza elitista, así como la perspectiva budista, taoísta y confuciana de *Xīyóujì* repre-

---

7   Las historias completas de Michael y Jed, junto a otras 100 más, las encontrarás en mi libro *Dragon Soul: 30 Years of Dragon Ball Fandom* (2015).

sentaron la culminación de cientos de años de desarrollo cultural, en una historia épica adecuada a las masas. La filosofía profunda, al igual que los conceptos de mejora personal hacia una ascensión espiritual completa, se transformaron en un viaje externo, lleno de conflictos marciales y exámenes de tentación. Estas manifestaciones externas son reflejos del interior, y están escritas de tal manera que se pueden contar a cualquier persona de la actualidad, sin importar lo fantásticas que parezcan.

Dragon Ball hereda y transforma esta leyenda en una historia épica más simplificada, centrándose ante todo en las artes marciales y las relaciones cómicas. El resultado es una explosión de popularidad que continúa en ebullición por todo el globo, inspirando a millones de personas. Los principios esotéricos se volvieron superficiales para la masa y se popularizaron, aunque en esencia, su corazón espiritual sigue latiendo con fuerza. Esta es la espiritualidad oculta en *Dragon Ball*.

Míng y Qīng

La fuente esencial de cultura que encontramos en *Dragon Ball* es una combinación de las eras Míng y Qīng en China. Esto se debe a que Wú Chéng'ēn escribió *Xīyóujì* durante la dinastía Míng (1368 – 1644 D.C.), mientras que la mayoría de las películas *gōngfu* tuvieron lugar en la dinastía Qīng (Qīng-*cháo*, 清朝, "dinastía de la claridad", 1644 – 1912). Toriyama cogía referencias de una época y otra, así que a través de *Dragon Ball* verás elementos de ambas eras.

Estas dinastías tenían culturas y apariencias diferentes. La principal razón era porque la dinastía Míng fue fundada por el nativo étnico chino Hàn (漢, "lecho seco"), mientras que la dinastía Qīng fue un imperio extranjero fundado por los invasores yurchen de Manchuria, en el norte de China. A pesar de que gobernaron durante tres siglos, el Hàn chino siempre percibió a sus gobernantes como extranjeros, sin peso legítimo para el país. Esto desembocó en rebeliones, que combinadas con la presión exterior de los británicos, franceses, americanos, rusos y otras naciones, produjo la caída de la dinastía china en 1912.

La dinastía Qīng se percibía como un universo rudo y egoísta, dando a luz a los villanos perfectos para el cine *gōngfu* de los años 70 y 80, cuando los productores hacían películas con las que creció Toriyama. Así, verás que algunos de los villanos de *Dragon Ball* se parecen a los de la élite Qīng, vestidos con sus mejores galas, o bandidos con ropa militar, mientras que los tipos buenos lucen como los plebeyos que luchaban contra ellos. Por ejemplo, Tao Paipai (桃白白, "melocotón blanco blanco"), a quien conoceremos en la segunda parte de la aventura de Gokū, está sacado de una película de Jackie Chan.

Esta también era la época en la que las artes marciales florecieron y la fama de los Shàolín-*sì* (少林寺, "templo del bosque joven") era sinónimo de *gōngfu*. Los cineastas de Hong Kong sentían atracción por la cultura tradicional y representaban las increíbles habilidades de los monjes Shàolín. Entonces, Toriyama recibió la inspiración de estas películas e imitó varias técnicas que lucían bien en papel, exagerando su efecto. Cogió estos conceptos cinemáticos, inspirado por la historia china, y los catapultó a otro nivel de entretenimiento. También utilizó la apariencia e historia de los Shàolín-*sì* para sentar las bases de Kuririn, a quien conoceremos en la primera parte de la obra.

Fácil de comprender

Dragon Ball es fácil de comprender, pero cuanto más fácil de comprender es un libro, más complicado resulta escribirlo.

Que el *manga* de Toriyama sea fácil de leer es fruto de un gran trabajo. En la entrevista del tomo 5 de *Dragon Ball Full Color* (2013) dijo: "Dibujaba la obra sistemáticamente para que los chicos de primaria y secundaria la leyeran. Recuerdo que quería hacerla fácil de comprender a conciencia, alterando la historia cuando veía que el argumento podía complicarse". En su entrevista para *Terebaru* afirmó: "Tenía planeado que *Dragon Ball* estuviera dirigido a lectores más mayores que los de *Dr. Slump*. Debatí la línea argumental con mi editor y creamos algunas historias, las cuales serían parecidas a *Dr. Slump* en lo que respecta la facilidad de comprensión".

Esto no es fácil de conseguir teniendo en cuenta la fuente original de la obra. Toriyama lo logró centrándose en la acción, contando la historia a través de los actos de sus personajes, apoyados por el diálogo justo y necesario para conectar un suceso con el siguiente. La acción procede al argumento, por eso sientes una continua sensación de progresión. Incluso cuando los personajes solo están hablando unos frente a otros, captas una sensación de movimiento y que algo grande está a punto de pasar.

En la entrevista para la edición japonesa de *Wired* (1997) dijo: "No malgasto mucho tiempo haciendo parlotear a los personajes sobre cosas inútiles. Como norma, puedes comprender el contenido, hasta cierto punto, solo con imágenes, y las palabras no son nada más que un suplemento para ellas. Mi primer editor me dijo una cosa que se me quedó grabada, y era que si quería decir alguna cosa, tenía que reforzar mucho más la caracterización".

Dado que la acción habla por sí misma, no necesitas ser

un pesado con las palabras. En la mayoría de los capítulos puedes comprender la historia sin leer el diálogo, así que aunque no hables el idioma, puedes comprender los sucesos de cada página. Un solo puñetazo ya habla cantidad.

Uno de los grandes retos para un autor es escribir tal y como hablan las personas. Hay una tendencia a escribir diálogos complicados para hacer las cosas más interesantes, pero las conversaciones reales son simples y directas. Cuanto más simple y directo sea un autor, más fácil será de comprender. Cuantas menos palabras use, más rápido avanzará el argumento.

Toriyama escribía por su público. El diálogo tenía un tono conversacional y se sentía natural, con palabras comunes que se comprendían al instante. Escribiendo un diálogo eficiente y utilizando imágenes orientadas a la acción, Toriyama evitaba las trampas de la mayoría de los escritos y creaba algo que todo el mundo podía disfrutar. Gracias a esto, parecía que los personajes hablaban contigo, permitiendo que te centraras en las acciones que desempeñaban. También cobraba sentido dentro de la historia, porque la mayoría de los personajes eran artistas marciales sin educar, que solo recibían golpes en la cabeza. Incluso los científicos que vemos en la obra parecen personas reales, pero en realidad, no muestran todo su conocimiento por el bien de los lectores.

400 años antes, Wú Chéng'ēn hizo lo mismo cuando escribió *Xīyóujì* para la gente común, en lugar de las altas esferas. Al ser un hombre formado, podía escribir con estilo señorial o académico, pero prefirió utilizar el estilo *báihuà* (白話, "discurso plano"). El *báihuà* es una manera informal de escritura que se acerca a la manera de hablar de la gente. *Xīyóujì* es una historia basada en el ámbito oral y el teatro, así que cuando coges esta historia que todo el mundo conoce y la pasas al campo escrito, necesita mantener la calidad oral. Para hacer esto, utilizó expresiones cotidianas que eran comunes en la región de Huái'ān,

aquella en la que creció. Al poder leerla más gente, se convirtió en un clásico popular.

Toriyama también utilizó expresiones informales que gustaban a los chicos, extraídas del lugar en el que creció, Aichi. Su escritura conversacional y local se aprecia en la versión japonesa, donde cada personaje tiene una voz, un acento y unos comportamientos diferenciados. Cada una de estas voces procede de una región diferente de Japón o un grupo o género específico. Así que cuando el lector escucha cada voz en su cabeza, la asocia a un estereotipo. Los estereotipos ayudan al lector a comprender quién es cada personaje, si es un pueblerino o un líder político.

Toriyama usa el método de los estereotipos, pero no cae en la trampa de muchos dibujantes que dependen de esto para innovar. Por ejemplo, Toriyama no le pone a un alien un acento australiano solo para darle una voz única, pues en su historia los extraterrestres vienen del espacio exterior, donde no hay nada parecido a Australia. Él solo incorpora acentos cuando tienen sentido y expresan la personalidad de los personajes. Cientos de personajes del *manga* tienen una voz y personalidad únicas, así que en lugar de ser un método vago, esto supone mucho esfuerzo y trabajo en sus expresiones.

El diálogo es simple, pero tiene profundidad. Dado que cada personaje tiene su propio acento y personalidad, sus expresiones pueden ser obvias, pero también sutiles si leemos entre líneas. Esta es una ventaja para el lector, porque se consigue que el personaje sea más cercano y contribuya a la riqueza de ese mundo. Algunos de ellos son granjeros, mientras que otros son reyes, camioneros u oficinistas.

Como resultado, solo tenemos que sortear una barrera muy pequeña para adentrarnos en un mundo muy valioso. Los niños pueden leer *Dragon Ball*, pero los adultos también lo pueden disfrutar. Haciéndolo accesible para todo el mundo, incluyendo a la gente con formación, Toriyama presenta una barrera mucho más asequible que la que presentó Wú Chéng'ēn en su época. Por esta razón, muchas personas de todo el mundo han atravesado el umbral de *Dragon Ball*, siendo el *anime* y *manga* más reconocido del mundo.

"El *anime* actual presenta personajes con relaciones complejas, así que simplifiqué todo esto, dejando la esencia de *shōwa*. Seré más feliz si pueden comprender el espíritu divertido de los personajes. ¡No se suele representar algo tan sencillo y puro, por lo que me gustaría que simplemente disfrutaran con algo que es fácil de entender!"

Entretenido

Toriyama escribió *Dragon Ball* para entretenerte.

Y nada más que eso.

En la entrevista del tomo 4 de *Dragon Ball Full Color* (2013) dijo: "Como norma general, mi obra nunca tiene un tema. Quiero que exclusivamente sea un medio de "entretenimiento", que sea fácil de comprender para cualquiera que la lea. Hay muchos otros *manga* escritos con un estilo complejo, así que supongo que también por esa razón me gusta que sea puro entretenimiento". En la entrevista de *Asahi Shimbun Digital* (2013) repetía la misma idea: "Creo que la misión de mi *manga* es exclusivamente entretener. Siento que si puedo entretener al lector, me da igual si se queda o no con algo del contenido, nunca he dibujado con la intención de transmitir un mensaje. Los mensajes y las escenas emotivas ya las dibujan otros *manga-ka*".

Esperad un segundo. ¿No hay tema? ¿No hay mensaje? Esto no concuerda con el contenido cultural de la historia y el profundo mensaje implícito que muchos han captado, ¿verdad?

"¡El tema es que no hay tema! Escribí la obra, pero no

para emocionar a la gente, sino para que siguieran animados tras haber consumido la obra. Mi objetivo apuntaba a simples argumentos que fueran fáciles de comprender para los niños, y creo que dedicarme exclusivamente a entretener es mi papel y seña de identidad. Intento evitar enseñar duras lecciones."[8]

Esto es lo verdaderamente extraño de *Dragon Ball*, porque aunque es querido en todo el mundo, tanto por sus cualidades implícitas como por lo que hace sentir a la gente, Toriyama no tenía la intención de transmitir todo eso. Él creaba la historia sobre la marcha y niega que su obra tuviera un mensaje o tema principal. Quería algo desenfadado, sin profundidad. Quería algo simple, plano y sin emoción. Cuando los acontecimientos tendían a desembocar en una situación emocional, Toriyama daba un giro para evitarlo. Quería que te rieras, que sintieras una actitud más optimista y que continuaras con tu día a día. Todo lo demás ocurría de casualidad.

El guión original de *Dragon Ball Z: Kami to Kami* (2013) fue escrito por otro autor y se lo dieron a Toriyama para que lo revisara, y encontró lo que él llamó "escenas emotivas". Por esta razón, reescribió aquellas escenas y terminó reescribiendo todo el guión. En la *Entrevista especial V-Jump a Akira Toriyama* (2013) dijo: "Hay muchas personas en el mundo que son buenas haciendo a la gente llorar y emocionando a los demás. En serio, yo pienso simplemente en entretener, ese es probablemente mi estilo". También afirmó que cuando el público crea una conexión emocional con sus personajes, solo es fruto de su búsqueda incesante del entretenimiento.

La verdad es que Toriyama es solo una persona a la que

8   "¡Me gustaría que disfrutaran simplemente de algo que es fácil de entender!" y "¡El tema es que no hay tema!" son citas extraídas de las entrevistas de *Official Battle of Gods Website* y *Akira Toriyama × Shōko Nakagawa Interview* (2013).

le gusta pasarlo bien mientras hace el friki, ve la tele y construye maquetas. En su interior, es un obseso introvertido al que le gusta mezclar la ciencia ficción y los elementos fantásticos para hacer chistes malos. Se complica la vida para evitar las emociones, las lecciones o la integridad. En lugar de eso, se centra en el entretenimiento desenfadado. Y eso está bien. Sin embargo, a pesar de sus esfuerzos para evitar las emociones, *Dragon Ball* es una experiencia emocionante. Es una obra que te entusiasma, te pone nervioso, te hace llorar o incluso saltar de alegría. Para muchos lectores alberga un profundo mensaje. Conectas con la serie de manera que se convierte en parte de tu ser, cambiando tu percepción del mundo. Contiene una cualidad que el autor no quiere que exista, pero ahí está. A pesar de sus grandes esfuerzos para evitar transmitir un mensaje, transmite uno muy grande. Algunos fans entienden *Dragon Ball* como una forma de vida.

Esta es la gran ironía de su obra maestra. Es justamente lo opuesto a lo que él pretendía.

Opuestos

Toriyama siempre hace lo contrario de lo que esperas. Cuando en la entrevista para *Son Gokū Densetsu* le preguntaron cómo desarrollaba la historia, dijo esto: "Siempre la enfocaba haciendo lo contrario a lo que esperaban los lectores... Es una mala costumbre que tengo".

¿Esperabas que la historia fuera emotiva? Pues te la hacía vacía. ¿Esperabas que Son Gokū se pareciera a Sūn Wùkōng? Pues te lo presentaba como un chico feliz, sin pelaje, sin armadura y sin corona. ¿Esperabas que el monje Táng llevara puesto ropajes budistas y montara a caballo? Pues te mostraba a una jovencita con falda montando en moto. ¿Esperabas que Gokū ganara la batalla? Pues hacía que perdiera. ¿Esperabas que tu personaje favorito sobreviviera a un fiero combate? Pues te lo mataba. De cualquier cosa que te pudieras esperar, te daba lo contrario.

Otra cosa que hace Toriyama es presentar a cada personaje con una imagen determinada para luego darle la vuelta, mostrando justo lo contrario, lo que oculta el interior de su personalidad. Le encanta tener personajes con múltiples caras y personalidades. Por ejemplo, Gokū parecía ser adorable e inocente, pero albergaba en su subconsciente una bestia furiosa y asesina. Ranchi parecía ser una chica tímida y femenina que cocinaba para sus amigos, pero su personalidad alterna presentaba una psicópata con una metralleta. Kuririn era un monje budista y un artista marcial, pero la razón por la que entrenaba duro era para conseguir una novia guapa.

Toriyama hacía contrastar las cualidades y apariencias de sus personajes entre sí. Los opuestos se unificaban en un solo personaje y se enfrentaban a otros personajes que también albergan personalidades opuestas en su interior. Esto es parte del encanto de su obra, facilitando la comprensión de la misma, haciendo ver que cada personaje tiene dos caras y pueden mostrarlas en cualquier momento.

Cada personaje es justo lo contrario de lo que parece por fuera, o tan solo lo opuesto a lo que podías esperar de él (consiguiéndose minimizar tus expectativas del mismo). Cuando los conoces, los personajes van intercalando sus lados "blancos" o "negros" durante la historia. Con este método, se vuelven dinámicos e interesantes, pero también fáciles de comprender al mismo tiempo. Cuando Toriyama te muestra una cara, te permite también que veas su lado oculto.

¿Por qué Toriyama prefiere hacer lo contrario? Por resto: "Un principio para ser *manga-ka* es evitar imitar a los demás tanto como sea posible". La gente espera encontrarse lo que han visto o escuchado antes en una historia, pero Toriyama no quiere darles eso. A pesar de su deseo inicial por planear una historia simple de *Xīyóujì*, inmediatamente hace algo diferente. Esta mentalidad le acompañará desde el principio hasta el final de la obra.

No estoy seguro de dónde percibe esta idea. Quizás fuera Torishima-*san*, o podría ser cosa suya. Aunque encontramos lo mismo en *Xīyóujì*, donde los monjes budistas y sabios taoístas utilizan la violencia para resolver sus problemas y las deidades tienen defectos humanos. Si Toriyama adoptó la idea tras ver todo esto en *Xīyóujì*, no sorprende que la utilizara en su obra de manera inconsciente.

Además aplica esta misma mentalidad de opuestos en su propia vida. Se fuerza a salir de su zona de confort, aumentando su nivel de creatividad narrativa y argumental, al igual que sus personajes se superan con esfuerzo y entrenamiento para alcanzar su siguiente nivel. La razón por la que sus personajes tienen esta mentalidad es porque Toriyama tiene dicha mentalidad. Si el lector espera que un personaje haga algo, Toriyama hará lo contrario, aunque quiera lo mismo que el lector. Y si no le gusta algo o lo encuentra doloroso, pues hará lo mismo. Así, se esfuerza en presentar escenarios a los que no estaba acostumbrado, asegurándose que no se repitan sucesos. Eso sí, a veces opta por el camino más sencillo a la hora de crear, cuando todas estas innovaciones hacen su vida más difícil o malgasta demasiado tiempo con ellas. Incluso hay veces que repite alguna broma determinada, simplemente porque había olvidado que ya la había utilizado en la historia.

En resumen, cuando te esperas una de cal, Toriyama te da una de arena. Cuando quieres algo grande, te lo presenta de manera sutil. Da igual si tus expectativas pudieran "mejorar" la historia. Toriyama emprende su propio camino, y es lo que hace a su historia tan especial. Por ello tiene tantos fans, y personalmente, me encanta. Como consecuencia, nunca sabes lo que va a ocurrir y la historia permanece siempre fresca.

Volviendo a la idea de *Dragon Ball* como mero entretenimiento, es irónico que haciendo siempre lo contrario, e intentando hacer una historia poco significativa, pueda crear el efecto opuesto en la mente de los lectores. Sus fans consideran su obra una de las historias más significativas jamás contadas.

Todo esto es similar a cómo intentó evadir la fama, y durante el proceso, se convirtió en uno de los *manga-ka* más famosos de Japón. Los opuestos gobiernan la vida de Toriyama.

Defectos

Los personajes de *Xīyóujì* tienen defectos, y por tanto también los de *Dragon Ball*.

Por ejemplo, Sūn Wùkōng es consumido por la rabia y el orgullo egoísta. Arma un alboroto en el cielo y asesina a la gente con su bastón mágico. El monje Táng es preso de su propia ingenuidad y las ilusiones creadas por los demonios. A Zhū Bājiè le consume la lujuria, el hambre y la pereza. Estos defectos son un reflejo de sus imperfecciones y la razón por la que no pueden regresar al cielo.

Toriyama continúa con este paradigma narrativo asegurando que cada personaje de *Dragon Ball* tenga una debilidad psicológica, una noción incorrecta o un rasgo que eclipse su fuerza. Por ejemplo, el artista marcial más grande del mundo es un busca faldas y es esclavo del confort. Buruma es excesivamente emocional a pesar de estar basada en un monje budista, supuestamente, liberado de toda emoción. Otros están llenos de ego y prepotencia, tienen miedo a la muerte u optan transitar el camino de la oscuridad en lugar del de la luz Toriyama afirmó que al darles defectos todo se vuelve más divertido y el humor llega a la historia. Además, nadie es perfecto, y por eso quiere mostrar que aunque todo el mundo tenga defectos, eso no significa que sean tan negativos.

Y lo mismo ocurre con los tipos malos. Toriyama describió su enfoque a la hora de crear villanos en la entrevista de *Mandō Kobayashi* (2013): "Lo que quería era darles defectos entre esa imponencia, o hacer de ellos personajes en los que pudieras sentir su humanidad". Así que pueden tener el papel de villanos, pero si tienen defectos, significa que son humanos, y los humanos pueden cambiar (con lo que puede que no sean villanos para siempre).

Igualmente, los héroes de *Xīyóujì* son antihéroes. No se ponen las manos en la cintura y dicen "la justicia ha llegado para derrotar al mal". Son personajes ambivalentes, viven sus vidas según sus personalidades, y su significado como individuos está definido por sus relaciones con los personajes que les rodean. Lo mismo para las deidades, que tienen tantos defectos como las personas de la Tierra. Se supone que son figuras sagradas, pero Wú Chéng'ēn las hizo débiles como nosotros, y por tanto, más cercanas y proclives a los momentos cómicos.

De esta manera, los defectos de los personajes de *Dragon Ball*, ya sean héroes o villanos, solo tienen sentido dentro del contexto del resto de personajes. Es como una obra de teatro en la que "el bueno" o "el malo" dependen de la perspectiva y en qué parte de la historia les veas actuar.

Los defectos permiten a los personajes evolucionar. Conforme la historia avanza, ves cómo los personajes superan sus taras o permanecen estoicos, viendo cómo cambian los demás. De ahí viene todo el significado, es lo mismo que ocurre con nosotros en la vida real. Algunas personas cambian, pero otras se quedan igual. ¿Con qué personaje te relacionas?

A través de *Dragon Ball* podemos ver las partes más débiles y más fuertes de nosotros mismos.

Ilustraciones

La gran diferencia entre *Xīyóujì* y *Dragon Ball* es que una obra es una novela en prosa y la otra un *manga* ilustrado.

Toriyama era un artista gráfico y un diseñador antes de convertirse en *manga-ka*. Le encanta expresarse mediante su arte y capturar el mundo real con su pluma. Esto explica por qué sus diseños eran tan llamativos, incluyendo la creación de vehículos, armas, ropajes, armaduras y logotipos.

Xīyóujì también ha tenido ilustraciones, pero su arte palidece si lo comparamos con el de Toriyama, cuyas ilustraciones hacían la historia más accesible y no necesitabas leer nada para seguir el argumento. En lo que a mí respecta, su representación moderna y realista (aunque también abstracta) de los personajes es más creíble que aquellos que aparecen en películas basadas en *Xīyóujì*, ya sean en largometrajes creados antes o después.

Es el increíble arte de Toriyama lo que cautiva a la gente y les embarca en la aventura. Su inocente Gokū de ojos enormes es reconocido en todo el mundo (incluso se podría discutir si más que el propio Sūn Wùkōng).

Humor

Dragon Ball es uno de los *manga* más divertidos jamás escritos. Esto se debe al sentido del humor de Toriyama y al de *Xīyóujì*, que proporciona los cimientos de sus *gags*.

Cuando Toriyama se refiere a *Xīyóujì* como algo "absurdo", creo que se refiere a sus chistes, payasadas y situaciones cómicas. La risa y el humor juegan un papel importante en la cultura china tradicional, burlándose de las costumbres sociales, remarcando la futilidad de las búsquedas humanas o recordando que hay tomarse las cosas a la ligera y tener fe en los dioses. Por ejemplo, la interacción cómica entre los monjes budistas y los sabios taoístas de la corte imperial es un tema recurrente en la historia. Repetidamente intentan superarse entre sí para ganarse el favor del emperador. Mientras, los peregrinos tienen que encomendar toda su fe al plan maestro de Guānyīn, a pesar de todas las dificultades y situaciones al borde de la muerte a las que se enfrentan. Sospecho que muchas de las situaciones cómicas de la historia se fueron añadiendo durante las representaciones teatrales para crear una atmósfera humorística para con el público. Y también nos encontramos el diálogo fraternal entre Sūn Wùkōng, Zhū Bājiè y los otros peregrinos. Se convierten en camaradas durante el largo viaje, insultándose mientras van armando jaleo. Cada uno de ellos aporta su encanto a un texto verboso y repetitivo.

Cuando Tezuka creó su versión de la historia en 1953, se desvió de la fórmula convencional añadiendo más humor y haciéndola más coloquial. Esto permitió que fuera más aceptada por la sociedad moderna japonesa de los años 50. Toriyama continuó con esta dinámica, haciendo la historia incluso más divertida y coloquial, siendo aceptada por la sociedad moderna japonesa de los 80. Por esta razón, el público de todo el mundo que probablemente desconoce la carga cultural sobre la que se cimienta la obra, puede entender todas las bromas y apreciar la acción.

Dicho esto, Toriyama inserta bromas pensadas para los jóvenes japoneses, a menudo inspiradas en su propia infancia. Estas partes se solían editar con la localización del texto al ser demasiado difíciles de traducir, así que a lo largo de este libro explicaré cada uno de sus chistes para vosotros. Al final, podremos reírnos de las mismas bromas que disfrutó el público japonés durante décadas.

Para el público de Wú Chéng'ēn, lo atractivo de *Xīyóujì* eran las normas morales acompañadas de combates y comentarios sociales, todo con un toque humorístico para que lo pasaran bien. Para la joven audiencia de Toriyama, es justo lo contrario: las bromas, las peleas y las aventuras son los factores que realmente importan, así que hacía la historia todo lo divertida que podía.

Subversión

Otro punto del humor de *Xīyóujì* es cómo subvierte las expectativas de la propia sociedad confuciana. Considerando que hay un monje budista que viaja con seres mitad hombre y mitad animales que hacen papilla a sus adversarios... Desde el primer momento, algo no cuadra. Además, se repiten escenas sexuales de seducción, done el monje Táng o Zhū Bājiè son tentados por guapas mujeres o demonios disfrazados. Sus deseos les traicionan y caen en la trampa, y justo cuando están a punto de ser comidos vivos, Sūn Wùkōng echa la puerta abajo y destroza los cráneos de los demonios con su callado. Hace cuatrocientos años, estas escenas podían ser arriesgadas o chocar contra las expectativas sociales de la buena conducta. Un "buen" budista nunca habría caído en dichas trampas, ni habría arreglado ningún problema con violencia. Pero esto ocurre muchas veces en *Xīyóujì*, y por eso se nos presenta aparentemente un viaje muy serio, aunque subvertido en el fondo por las travesuras del personaje principal.

A Toriyama le encanta esto. Allá donde haya una oportunidad para subvertir tus expectativas, ahí estará él. Hace uso de los personajes y tropas más serias de *Xīyóujì*, pero luego lo trastoca todo para hacerlos divertidos. Por ejemplo, planifica que el héroe más poderoso de su historia sea un niño, transforma a los hombres en mujeres y convierte a los sabios en pervertidos. Hace gala de este humor distorsionado porque le gusta. Así, sus personajes juegan un papel similar a los del original, pero la seriedad termina eclipsándose por sus personalidades.

Xuánzàng y los otros peregrinos veneraban a Buddhā y Bodhisattva, pero Sūn Wùkōng tenía la costumbre de minar el ego de todo el mundo. Solo con su virtud estallaba el ego de los demás, abriendo sus mentes y for¬zándoles a que afrontaran la realidad. Fue él quien destacó que el emperador no llevaba ropa. Toriyama hizo lo mismo con Gokū, presentándolo con un reves¬timiento inocente e ingenuo que trastocaba, con su naturalidad, la imagen que tenían todos de sí mismos. Toriyama utilizó a Gokū para asegurarse de que nada ni nadie era sagrado.

Perversión

Toriyama, declarado por el mismo, es un pervertido. En la entrevista del volumen 1 de *American Shonen Jump* le preguntaron cuál era su personaje de *Dragon Ball* favorito, y dijo: "Goku, naturalmente. Por una razón, y es que soy un pervertido, así que me atrae un personaje tan puro e inocente como él".

Esto suena fatal, pero en realidad es algo bueno, no en vano sus bromas pervertidas son divertidísimas. Aunque después negó que era un pervertido en numerosas entrevistas, cuando lees su *manga*, se aprecia alto y claro en las acciones y palabras de sus personajes. El estilo humorístico de libertinaje de Toriyama se aprecia especialmente en los primeros capítulos de *Dragon Ball*, cuando todavía seguía la senda de *Dr. Slump*.

La perversión de Toriyama tiene tres causas. La primera es que escribe para chicos jóvenes con la mente sucia. Yo también fui adolescente, así que puedo corroborarlo. Contar chistes subiditos de tono no está bien visto en casa, pero cuando estás fuera con los amigos hay barra libre. Se la juegas a tu amigo, tu amigo te la devuelve, y termináis hablando de cosas que no os atreveríais a decir en ninguna otra parte, y gracias a esto entabláis más amistad. Este tipo de chistes, que a menudo son circunstanciales o a costa de alguna persona, son crudos y divertidos, pero hay que cogerlos con pinzas. Las bromas pervertidas de Toriyama seguían esta naturaleza juguetona. Son profanas, y no te molestan o bloquean durante la trama. Es justo lo contrario, te hacen reír e invitan a seguir con la historia. Es otro de los encantos de *Dragon Ball*.

La segunda razón de la perversión de Toriyama es que su producto está destinado a una sociedad moderna japonesa, la cual contiene aspectos cuestionables que me producen escalofríos. No quiero juzgar, así que solo presentaré estos elementos cuando aparezcan en la historia, dejando que saquéis vuestras propias conclusiones. Una pista: tiene que ver con la ropa interior femenina.

La tercera razón tiene que ver con las películas *gōngfu*. Durante la investigación para este libro, he visto cientos de películas *gōngfu*, y hay una cantidad sorprendente de mujeres desnudas en estos largometrajes. No sé si los creadores creían que enseñar pechos en las películas ayudaba al argumento, ¿puede que realzaran el ambiente? ¿Quizás era una consecuencia de la mentalidad "progre" de la sexualidad en los años 70? En cualquier caso, había chicas sexys en estas películas solo porque eran atractivas, y dado que Toriyama veía innumerables películas *gōngfu*, no puedo más que pensar que esto le afectó. O podría ser que estas películas estuvieran destinadas a una audiencia joven y masculina, a la cual le gustaba mirar mujeres desnudas y escuchar chistes sucios. Así que Toriyama adoptó esta mentalidad e incluyó estos elementos en su trabajo.

Aunque todo esto esté ahí, *Dragon Ball* nunca se convirtió en algo manifiestamente sexual, y Toriyama no te intentaba persuadir como los demonios que seducían a Xuánzàng en *Xīyóujì*. En todo caso, las palabras de *Xīyóujì* eran más seductoras en el fondo que las ilustraciones de Toriyama por fuera, así como su humor. Eso sí, cuando te ponían las tetas delante de tus narices, no podías evitar reparar en ellas.

Censurando la perversión

Este contenido pervertido no es un problema para la sociedad japonesa. Toriyama pretendía que su *manga* lo leyeran jovencitos, sus chistes e ilustraciones fueron aprobados por sus editores, se llevaron a imprenta y su obra fue leída por millones de niños cada semana. No pasaba nada. Nadie lloraba o sufría daños psicológicos. Todos se reían y seguían con su vida, pues así es la sociedad japonesa.

Un lugar en el que el humor pervertido de Toriyama tuvo problemas fue Estados Unidos. Por ejemplo, en 1999 la cadena de juguetes de Toys "R" Us dejó de comercializar el *manga* de *Dragon Ball* tras la queja de un padre en Dalas, Texas, sobre todos estos asuntos lascivos. Este hombre afirmó que rozaba la frontera del porno suave y no quería que, cada vez que fuera a Toys "R" Us, tuviera que revisar todo como si de un escáner porno se tratara".[9]

Otro ejemplo ocurrió en octubre de 2009, en Wicomico, Maryland, cuando el *manga* se retiró de las bibliotecas de los institutos tras la queja de una madre.[10] ¿Por qué?

---

9   El artículo de Toys "R" Us: *http://cbldf.org/banned-challenged-comics/case-study-dragon-ball/* and archive: *https://web.archive.org/web/20090724143629/http://www.cbldf.org/pr/000317-texasdragballz.shtml*

10   La decisión del colegio de Maryland: *http://www.animenewsnetwork.com/news/2009-10-07/maryland-school-library-to-remove-dragon-ball-manga* y *http://www.wboc.com/Global/story.asp?S=11321353*

Porque el tomo 1 mostraba el desnudo inocente de un joven Gokū, a Buruma sin bragas (aunque vista de espaldas) y un humor pervertido cortesía de Kame-*sennin*. La madre se quejó al ver estas ilustraciones en el material de lectura de su hijo de 9 años.

Un comité se reunió para debatir la decisión. Joe Holloway, miembro del ayuntamiento de Wicomico, dio una presentación con las ilustraciones fotocopiadas, concluyendo en que los dibujos y los diálogos eran asquerosos. Era una obra "indecente" según él. El presidente del comité escolar, Mark Thompson, dijo: "Las imágenes que he visto, si estaban pensadas para un público adulto, sobrepasan la línea de la pornografía infantil. ¿Por qué se muestra esto a los niños?"[11]

Sí, *Dragon Ball* es "indecente", tiene "pornografía infantil" y contenido inapropiado para los niños, a pesar de estar hecho para ellos.[12]

¿Qué significa esto? No quiere decir que la sociedad japonesa sea una tierra impía de adolescentes depravados y adultos hedonistas, sino que la sociedad americana tiene un problema con el humor juvenil pensado para los chicos japoneses.

¿Toriyama es un hombre horrible que dibuja pornografía infantil? No. ¿Debería censurarse su trabajo para los

---

11   Citas del comité escolar de Maryland: *http://www.delmarva-now.com/article/20091008/NEWS01/910080338/* y artículo de la web de noticias de Maryland: *http://www.delmarvanow.com/article/20091007/NEWS01/910070391/1002/Schools-library-book-pulled-for-sexual-content*

12   Viz, la compañía americana encargada de localizar el *manga* de *Dragon Ball* y filial de Shūeisha, catalogó para mayores de 13 años el *manga* que estaba en el sistema escolar de Wicomico. Que la obra estuviera disponible en la escuela de primaria es debatible. Sin embargo, el *manga* a menudo se suele vender a los niños, así que provoca confusión entre el personal de biblioteca y los padres.

jóvenes americanos?[13] Esto requiere un debate, pero opino que no. No creo en la censura del trabajo de un artista. O aceptas su obra al 100%, o no la compres ni la exhibas. No es lógico equiparar a los niños que aparecen en un *manga* con la dura pornografía, simplemente por ignorancia e intolerancia.

Es muy fácil señalar y decir que la "América puritana" tiene miedo de todo lo que considera inapropiado, pero creo que esto requiere una comprensión más sutil, y es que nos encontramos ante un encontronazo cultural. Estamos ante un conflicto entre las cosmovisiones disparatadas de la sociedad japonesa y americana, junto a la importación de obras extranjeras a las librerías escolares. Los padres americanos no quieren que sus niños lean algo que ni siquiera ellos mismos comprenden.

Es bueno que los padres se involucren en las lecturas de sus hijos, pero la causa real de esta decisión es la ignorancia y la intolerancia hacia otra cultura, combinada con una carencia de respeto a la capacidad que tienen sus hijos de aceptar y apreciar las cosas como son. Los niños no son los que tienen un problema con el *manga*, son sus padres.

Supongo que si coges las bromas de Toriyama fuera de contexto o simplemente echas un vistazo a las viñetas, como hicieron los miembros del ayuntamiento de Wicomico, podrían parecer inapropiadas. Pero todo tiene sentido dentro del contexto de la historia.

¿Es una decisión correcta o errónea? Te dejo que juzgues por ti mismo. La cuestión es que creo que es un asunto cultural.

No se puede negar que el contexto está ahí, y a través de este libro te mostraré por qué.

---

13   Viz también publicó una versión censurada de *Dragon Ball*.

Episódico

El *manga shōnen* se crea y distribuye en un capítulo semanal, quincenal o mensual, algo parecido a los episodios de las series de televisión. *Dragon Ball* se creó en un formato llamado *shūkan* (週刊, "semanal"), estaba formado por 14 páginas a la semana más la página de título y se distribuía en la *Weekly Shōnen Jump*. No fue la primera obra en hacer esto, pero dado que *Dragon Ball* tuvo una historia muy larga, es curioso apreciar que encontramos un formato episódico similar, siglos atrás, con *Xīyóujì*.

Wú Chéng'ēn escribió *Xīyóujì* con elementos entrelazados, conectando un capítulo con otro o haciendo referencia a los anteriores. Esto se debe a que las novelas tardías de la dinastía Míng compartían métodos similares de creación y características de distribución: tenían unos 100 capítulos, se dividían en 10 bloques narrativos y cada uno de ellos, a su vez, se dividían entre 2 y 4 episodios con subtramas.

Las subtramas tienen sus propios arcos argumentales llamados *biān* (編, del japonés: *hen*, "arco", "parte de un libro", "compilación", "composición", "arreglo" o "volumen"). Estos *biān* se introducen y concluyen con una narración al principio y al final de cada capítulo, junto a un comentario o poesía ocasional. La parte que los conecta entre sí es el gancho, donde el narrador te anima a que leas el capítulo siguiente, como si te dejara con un final con suspense.

Este era el formato popular de la era de Chéng'ēn y Toriyama hizo uso de ello con *Dragon Ball*, donde cada *hen* ("saga") era una parte de una historia más grande, conectándolos entre sí con el uso de un narrador y un gancho.

Esto conseguía que pudieras leer una gran historia, la cual continuaba siempre donde se dejaba. Es como una serie de televisión actual pero centrada en los que siguen el lanzamiento de *manga* o *anime*.

Narrador

¿Recuerdas lo que es que te cuenten una historia que has escuchado tantas veces que podrías contarla por ti mismo, pero aun así, prefieres sentarte y escucharla de nuevo? Pues justamente eso es *Xīyóujì* para un montón de fans, y por eso un narrador cuenta la historia.

Una narración que cuenta una historia de transmisión oral establece una conexión humana con el lector, haciendo que el contenido parezca genuino a pesar de ser excéntrico. Este estilo que hace de lo oral una prosa consigue que el lector participe de la historia y experimente lo que ocurre en sus páginas. Escribir prosa de esta manera no favorece la progresión de la historia, y de algún modo le resta valor, pero contribuye al disfrute del lector y la contemplación del texto.

Toriyama copia este estilo narrativo en *Dragon Ball*, utilizando su propio narrador. ¿Su nombre? Narēshon (ナレーション, "narración"). No sabemos nada del Narēshon porque nunca podemos verlo, pero es tan omnisciente como el de *Xīyóujì*. En ambas versiones comienza y finaliza cada capítulo, por lo que tenemos la sensación de que el narrador es quien dirige la historia.

Estos narradores saben todo sobre la historia, de principio a fin. Conocen a cada personaje y todo suceso. Saben los motivos y el trasfondo de las diferentes deidades y su complicada burocracia, y también conocen las vidas de la gente corriente, desde que nacen hasta que mueren (e incluso sus vidas anteriores y reencarnaciones). Son como el cuentacuentos que se sienta frente a la hoguera para contar tu leyenda favorita, o como los padres que leen a sus hijos una historia en la cama. Estamos ante la voz agradable que te guía a través de la aventura.

El papel del narrador te cuenta todo sobre la historia y, a través de la prosa o el verso, como ocurre en poesía, comenta y expresa el estado de ánimo de cada capítulo. También funcionan como una voz que ayuda a acrecentar las bromas, parodias y caracterizaciones que el autor quiere resaltar. Esta era una idea muy innovadora en la era de Wú Chéng'ēn, pues era lo contrario a la escritura académica. Al hablar directamente con el lector y facilitar la comprensión de las expresiones, el libro se volvía más disfrutable y ampliaba su público.

Toriyama hizo uso de todo esto por diversión, para intentar engancharte con el final de cada capítulo.

Gancho

Los narradores de ambas historias utilizan el gancho, esto es, terminar un capítulo con suspense o de manera emocionante para que te preguntes qué ocurrirá en el siguiente.

Por ejemplo, un capítulo de *Xīyóujì* termina así: "¿Quieres saber cómo escaparon el mono y el cerdo de la muerte? ¡Sigamos leyendo!"

Toriyama utiliza este método en *Dragon Ball* con los primeros capítulos y esporádicamente con el resto. Cuando un capítulo termina, introduce un pequeño pergamino, en el que encontramos una tipografía antigua, que expresa los pensamientos del Narēshon ante el final o lo que está por llegar.

Lo mismo ocurre en el *anime* cuando el Narēshon articula en los episodios: "Por fin, la Tierra ya está en paz, aunque..." Entonces es cuando tienes que esperar al próximo episodio para ver qué peligro les aguarda. Esto se refuerza en la versión americana de *Dragon Ball*, en la que el narrador grita su famosa línea: "¡Descubre qué ocurrirá en el próximo y emocionante episodio de *Dragon Ball*!"

Si no hay otra opción, el Narēshon utiliza la expresión

tsuzuku (つづく, "continuará") para hacer que vuelvas a la obra. Esta es una manera común de finalizar un capítulo en una serie *manga*, y contrasta con los finales conclusivos del *yomikiri* ("historieta independiente").

El narrador de *Xīyóujì* sabe todo lo que acontece, pero a veces actúa como si no estuviera seguro de lo que ocurrirá después, y esto se da bastante en *Dragon Ball*. Cuando el Narēshon está sorprendido por lo que acaba de pasar o siente curiosidad por el próximo episodio, es cosa de Toriyama, pues es él quien se sorprende con su propia historia y el que crea todo sobre la marcha. Toriyama se lo pasaba bien hablando a través del Narēshon, al ser él mismo el que te contaba la historia y creaba cada página, haciéndose el despistado.

El gancho es un método perfecto para conectar al lector con *Xīyóujì*, la fuente original, esta vez de una manera fresca y divertida.

El vehículo para el autor

El arte es un reflejo del artista. Wú Chéng'ēn y Toriyama son artistas de diferente naturaleza y época, pero sus obras de arte sirven como vehículos para reflejar su mentalidad y visión del mundo.

Una gran parte de la historia de Wú es satírica y saca a relucir los puntos negativos de la sociedad. Su *Xīyóujì* muestra cómo las clases más ricas de la dinastía Míng derrochaban comida, tenían manía a los pobres y sus líderes eran unos incompetentes. Del mismo modo, las deidades del cielo desprendían un aire fastuoso y ceremonial, pese a que fueran incapaces de defenderse del salvaje Mono. Ante todo, aporta un retrato de lo que es ser un humano.

Wú utiliza el vehículo establecido por las leyendas y

religión de Xuánzàng para expresar su tristeza ante la vida y sociedad. A través de la historia observamos cómo brilla su perspectiva del mundo. Wú se presenta a sí mismo como un producto de la pobreza, tras haber crecido en una familia mercantil humilde durante el alzamiento del capitalismo. También nos advierte de cómo la sociedad acabará perdiendo el rumbo si se centra en el dinero y la política sin sentido. Venía a decir que era mucho mejor seguir la Ley Buddhā y el Tào.

Toriyama hizo algo parecido con *Dragon Ball*, no en el ámbito de las enseñanzas morales o la religión, sino en el uso de su obra como vehículo para su expresión artística, a través de bromas y aventuras. Quería contar una historia y entretener al público, aunque fuera mediante el humor, la perversión, su fascinación por las maquetas, las películas *gōngfu*, las estrellas del cine de acción, los alienígenas y la ciencia ficción. En lugar de criticar lo negativo de la sociedad, Toriyama parecía decir: "Este es el mundo ideal que hay en mi cabeza".

Leer *Dragon Ball* es nuestra oportunidad para ver qué hay dentro.

Vida, arte, leyendas...

La vida inspira al arte, el arte da a luz a las leyendas y las leyendas generan más arte. Gracias a la vida de Xuánzàng y su impacto en la sociedad china, Wú Chéng creó *Xīyóujì*, y gracias a *Xīyóujì* y su impacto en la sociedad japonesa, Toriyama creó *Dragon Ball*.

Ahora puedes ver que *Dragon Ball* es una historia que se lleva gestando desde hace miles de años. Xuánzàng fue inspirado por el arte y la cultura budista. Después, sus aventuras vitales dieron lugar a leyendas chinas que se convirtieron en obras de teatro e historias dignas de un campamento. Esta cultura popular desembocó en *Xīyóujì*, una nueva forma de contar historias con elementos budo-taoístas capaces de hablar a la masa de una manera sencilla. Esto dio lugar a *Dragon Ball* 400 años después, con una historia más accesible y simplificada a través de un formato ilustrado de gran popularidad, transmitiendo su mensaje (ya fuera intencionado o no) por medio de las artes marciales. Durante el proceso, Toriyama creó una nueva obra de arte, convirtiéndose en una nueva fuente de inspiración y entretenimiento.

¿Qué descubriremos en el próximo y emocionante episodio? ¡Exploremos el *Dragon World* de Toriyama!

Dragon World

EL ESCENARIO DE *Dragon Ball* se conoce como *doragon wārudo* (ドラゴンワールド, "Dragon World", "Mundo Dragón").[1] Es el entorno ideal para Toriyama, un lugar en el que adolescentes aventureros viajan por tierras milagrosas, llenas de animales parlantes, dinosaurios, dragones, demonios, dioses, coches voladores y misterios.

Si un cuadro taoísta se apareara con *Star Wars*, su hijo sería el *Dragon World*. Una fusión de lo nuevo y lo antiguo, con unas raíces que nacen del marco inspirado en *Xīyóujì* y la combinación de la ciencia ficción y la cultura popular. *Blade Runner*, *Alien*, *Los Picapiedra* (1960), la leyenda de las artes marciales chinas... El *Dragon World* contiene pinceladas de todos esos mundos.

Este escenario es tan maravilloso que Toriyama dijo: "Si pudieras disfrutar del *Dragon World* sin pensar en nada más, sería feliz".[2]

Lo sentimos Toriyama, pero vamos a pensar mucho en ello. Si bien habría sido más fácil para él no realizar cambios en el mundo de *Xīyóujì*, eligió crear un mundo que fusionara Oriente y Occidente con influencias cinematográficas. Y aunque creara la historia sobre la marcha, su mundo es fascinante y alberga detalles infinitos.

El *Dragon World* es la fuente de poder de su his¬toria, el escenario sobre el que se despliegan los dramas vitales.

---

1   Dentro de la terminología del propio universo, el capítulo 519 de *Dragon Ball* se tituló *Baibai Doragon Wārudo* (バイバイ ドラゴンワールド, "Adiós, Dragon World") y se publicó en el ejemplar #25 de la *Weekly Shōnen Jump*, el 4 de agosto de 1995. También fue el título del tomo 42.

2   "Si pudieras disfrutar..." pertenece al *Special Booklet Message* de *Dragon Ball Z: Battle of Gods Special Limited Edition Box* (2013).

El origen del Dragon World

En los albores del tiempo, el cosmos fue creado por un ser todopoderoso y omnisciente llamado "Akira Toriyama". Pero ocurrió hace tanto tiempo que nadie, ni siquiera Toriyama, recuerda si esto es verdad. Podría ser un simple rumor.

Este ser construyó el cosmos, una partícula con forma de bola que se divide en dos. La mitad superior es el Más Allá, donde las almas llegan después de morir y perder su cuerpo. La parte inferior es el mundo mortal, el cual tiene a su vez dos partes: la parte superior gobernada por las leyes de la ciencia, y la parte inferior gobernada por las leyes de la magia.

Dentro de este cosmos hay un planeta parecido al nuestro, también llamado Tierra, pero no es tal y como lo conocemos. Esta Tierra tiene su propia geografía, sociedad, línea temporal y cultura. ¿Por qué creó Toriyama un mundo tan similar al nuestro pero a su vez diferente? Dijo lo siguiente: "En conclusión, porque es más fácil. Prácticamente con cualquier cosa, suelo ahondar en lo más sencillo. Si hubiera hecho un escenario basado en el mundo real, tendría que dibujar teniendo en cuenta las referencias materiales, como sería el caso de los edificios y los vehículos. Cuando haces algo así, la gente se queja de que está mal hecho". Creando una Tierra que no es como la que conocemos, Toriyama fabrica un escenario que nos resulta familiar pero, a la vez, tiene plena libertad artística.

Es un mundo en el que puede hacer todo lo que le gusta, y le sirve como patio de recreo para rememorar las historias desenfadadas y aventureras que emprendía cuando era un niño. Toriyama es un hombre de gran corazón, un idealista que se imagina las cosas de manera diferente a como son realmente. El *Dragon World* es un lugar salvaje que vive a contracorriente de los valores rígidos de la sociedad japonesa. Sus creaciones *manga* conforman su propio mundo, el cual comparte con el resto por el bien del entretenimiento. Es su cabeza plasmada en papel.

Por cierto, el *Dragon World* es un cosmos colectivo que incluye todas las obras *manga* de Toriyama, como por ejemplo *Dr. Slump*. Toriyama se inventa las historias sobre la marcha, y después aporta una razón de ser retroactiva con respecto a los sucesos posteriores a historias anteriores. Así, los mundos más pequeños forman parte de otros más grandes, justo como ocurre con las muñecas rusas *matrëška*[3]. Con cada nuevo *manga* que publica, estos mundos individuales pasar a formar parte de un todo más grande entrelazado, pasando a conformar el colectivo del *Dragon World*.

Etimología

El planeta Tierra se dice *chikyū* (地球, "balón de tierra", o "esfera de tierra") en japonés. Al referirse al planeta como una pelota, se refuerza la connotación de una sola partícula en un vasto mar, el cual está formado por otras partículas con forma de planeta que constituyen un cosmos más grande. Dado que *Dragon Ball* está escrito en japonés, los personajes de la historia se refieren a su Tierra como *chikyū*, pero la Tierra de *Dragon Ball* no es un clon del mundo real. Así, el término *"Dragon World"* fue utilizado en primer lugar por Toriyama, por los licenciatarios de *Dragon Ball* y por los fans que se refieren a la Tierra de *Dragon Ball* como una entidad diferente.

Cuando la historia se expande más allá de la Tierra, el

---

3   Las *matrëška* ("*matrioska*") rusas son muñecas con apariencia y forma similares, huecas por dentro y con diferentes tamaños, para que puedas meter unas dentro de otras.

Dragon World crece para abarcar los planetas y las dimensiones que Gokū y los demás visitan. Así que el término puede referirse tanto al universo dentro de la Tierra, como a todo el cosmos. Al igual que tenemos en los cómics occidentales el "Universo Marvel" o "Universo DC", también tenemos el entorno cultural de *Dragon Ball* como una entidad, incluyendo a sus personajes, términos, lugares y mitología.

Apariencia

Ya que *Dragon Ball* está inspirado en *Xīyóujì* y la cultura tradicional china, la apariencia de su mundo refleja elementos como los pinos, el bambú, las montañas curvadas y los riachuelos, y todo se muestra con tonos suaves y un estilo redondeado, como si estuviera pintado en un pergamino taoísta. Todo esto genera una apariencia mística y un tono aventurero.

Toriyama hace referencia a este estilo artístico en el *Daizenshū 4*: "Quería cambiar el ritmo y las estructuras para diferenciar lo antiguo de lo nuevo. Por ejemplo, dibujé *Dr. Slump* con un estilo americano, mientras que *Dragon Ball* lo estoy abordando con un estilo similar al chino".

Utilizó *Xīyóujì* como punto de partida, pero no se sintió restringido al mismo. En la primera página del *manga* de *Dragon Ball* escribió lo siguiente: "El escenario de *Dragon Ball* tiene una esencia similar a la china, pero no es necesariamente china. No se sabe dónde está realmente situado. La historia es muy simple en general, pero me gustaría seguir creando más detalles e ilustraciones sobre la marcha. De esta forma, puedo dibujar cualquier cosa que quiera, y así disfruto de la tensión y la emoción por no saber qué dibujaré próximamente".

Conforme la serie evoluciona, pasando de la fantasía

infantil a una historia épica centrada en los combates, el arte suave de los comienzos se convirtió en un estilo más afilado. Sin embargo, los escenarios que se habían establecido no se extinguieron, sino que se fueron multiplicando con la expansión del entorno. Así, las rocas de los escenarios místicos asiáticos siempre recordarán al lector dónde comenzó todo.

Geografía

La geografía del *Dragon World* es un supercontinente similar al Pangea ("toda la Tierra"), una masa de tierra gigante que se formó hace 300 millones de años en nuestro planeta, cuando todos los continentes estaban unidos en uno solo y los dinosaurios gobernaban la Tierra. Las placas continentales empezaron a separarse hace 100 millones de años y gradualmente fueron cambiando hasta ser lo que son hoy. Dado que en el *Dragon World* encontramos dinosaurios campando a sus anchas, sería apropiado decir que la Tierra de Toriyama tiene forma de supercontinente.

Es difícil saber con exactitud lo grande que es este continente, pero en el *Daizenshū 4* hay un mapa del mundo que parece revelar varios miles de kilómetros de largo y de ancho. Esto se debe a que la estructura geográfica de las cadenas montañosas, los ríos y los bosques tiende a ser igual de grande en nuestro mundo, y podemos deducir que se requiere la misma distancia para crear tal variedad en el *Dragon World*. Estos escenarios variopintos incluyen tundras, desiertos sofocantes, islas tropicales, junglas y zonas templadas.

Al igual que sus personajes, los escenarios del mundo de Toriyama están inspirados en otras fuentes. Por ejemplo, Paozu-*yama* (パオズ山, "Montaña Paozu"), el lugar en el que vive Gokū, está inspirado en Guìlín (桂林, "árboles laurel") y sus montañas carso, emplazamiento situado en China. Toriyama dijo: "En aquella época mi mujer estaba interesada en China, por lo que dibujaba mirando a los libros de fotografía china que ella compraba".

Llevaba a los personajes a nuevos entornos para dar forma al mundo y proporcionar a Gokū nuevos escenarios para explorar. Decía lo siguiente: "No soy persistente con los borradores. *Dragon Ball* era originalmente una historia sobre China, pero ahora dibujo lugares como Bali, Siberia y otras zonas de aspecto occidental, según me plazca. Si piensas que la historia ocurre en un gran continente, puedes crear tales historias de manera lógica".

Para dibujar estos ambientes, recibía la inspiración del cine y sus viajes por todo el mundo: "He estado en muchos lugares, pero Australia me marcó mucho, gracias al equilibrio entre sus ciudades y sus maravillosos espacios naturales". Australia fue la inspiración para Minami-*no-miyako* (南の都, "Ciudad del Sur"), una de las muchas metrópolis.

Cultura

El *Dragon World* es espiritual, pero no es religioso. Toriyama basa su historia en *Xīyóujì*, así que está fundado sobre una cosmovisión budo-taoísta. Sin embargo, no hace referencia a la religión, a no ser que sea mediante el entorno o los personajes. A pesar de ello, la obra se vuelve más espiritual conforme avanza, viajando del cielo al infierno, al Otro Mundo y más allá, con una creciente focalización en el crecimiento personal.

Justo como en Japón, los principales sistemas de creencia del *Dragon World* son el budismo y el shintō, con rasgos confucianos. Hay referencias al cristianismo, pero con connotaciones humorísticas. Hay monjes, aunque en general la mayoría de la gente luce como ciudadanos medios que llevan ropa china tradicional o vestimentas modernas de Occidente.

El taoísmo juega un papel muy importante en la serie a través de los artistas marciales y los cultivadores espirituales desperdigados por todo el mundo. Aunque a menudo vivan como ermitaños, suelen encontrarse unos a otros al interactuar con deidades y demonios durante sus viajes. Esto tiene sentido en una historia épica de artes marciales, y cada nuevo personaje es capaz de presentar nuevas formas de contenido tradicional. Por ejemplo, el uso del *ki* (気, 'kii', del chino: *qì*, 氣, pronunciado 'chii', "energía" o "espíritu"). El ki es la energía metafísica del cosmos que podemos encontrar en la materia, incluyendo nuestros cuerpos, por lo que los artistas marciales de *Dragon Ball* lo utilizan para aumentar su fuerza y desarrollar habilidades sobrenaturales.

Dado que el *Dragon World* es espiritual sin ser religioso, contiene un montón de símbolos. Por ejemplo, los inmortales taoístas se asocian a los símbolos de larga vida, incluyendo a las tortugas, las grullas, los melocotones, los pinos, los ciervos, las setas divinas, las calabazas y los largos bastones curvados con forma de serpiente. Las carpas, los dragones y otros animales del estilo también albergan esta simbología.

Estos emblemas tradicionales de Oriente se yuxtaponen con los diseños occidentales, tales como el contraste entre la cabaña del ermitaño Son Gohan y la isla de Kame-*sennin*.

¿Cuál es el resultado de todo esto? Que *Dragon Ball* es arte, y la manera en la que afecta al mundo es tan real como irreal. El *Dragon World* parece creíble a la par que mágico, un reino surrealista que retrata mejor la verdad que nuestra propia realidad, inspirándonos a descubrir el interior de la obra mientras nos entretenemos. Akira Toriyama cuenta sus historias con mitos, leyendas, arquetipos, simbolismo, monstruos y elementos de las historias clásicas que han sido contadas durante miles de años, ya fuera en fogatas o a los niños antes de irse a la cama. Una vez tiene todo lo necesario, lo mezcla todo con un trasfondo religioso que no luce como tal, evitando la posible ofensa a sus lectores. Su obra puede ser disfrutada por todo el mundo.

Sociedad

La sociedad del *Dragon World* es innovadora. La mayoría de los ciudadanos que lo habitan son *ningen* (人間, "seres humanos"),[4] con los mismos tonos de piel y las razas de nuestro planeta, pero también es el hogar de fantasmas, demonios y otros seres inhumanos. Todas las personas de la Tierra se consideran *chikyū-jin* (地球人, "terrícolas"), con el subconjunto formado por *monsutā-gata* (モンスター型, "tipo-monstruo") o *dōbutsu-gata* (動物型, "tipo-animal").[5]

Los animales parlantes pueblan la tierra como si de un cuento de hadas se tratara. Sospecho que están presentes en la historia por dos razones. La primera es *Xīyóujì*, pues los acompañantes de Xuánzàng tenían forma animal, y

---

4   *Ningen* (人間, "ser humano", "hombre" o "persona") es un término japonés y budista que se refiere a todos los *nin* (人, "personas") del plano humano de la reencarnación, los cuales han entrado en el *gen* (間, "puerta") del hombre, sin importar el planeta en el que se encuentren.

5   El *Daizenshū 7* y el *Chō-zenshū 4* establecieron que los *monsutā-gata* (モンスター型, "tipo-monstruo") conforman aproximadamente el 7% de la población global. "Monstruo" está escrito en *katakana*, sugiriendo que estos seres son considerados extranjeros con respecto a la gente normal. No los llaman *yōkai* (妖怪, "espectros" o "fantasmas"), término utilizado para los monstruos japoneses.

además se enfrentaron a demonios basados en animales, por no hablar de los animales con forma humana llenos de características primarias. Esto lo apreciamos en la obra de Toriyama, en las personas animales humanoides. La otra razón es la influencia de Disney en la mente juvenil de Toriyama. Le encantaba cómo Disney podía retratar las personalidades de los animales, así que los añadió al *manga* para enriquecer su mundo. Vemos estos ejemplos en los delfines y tortugas de mar parlantes.

Todo el mundo del *Dragon World* habla el mismo idioma, y esto se cumple en todas las lenguas en las que se ha traducido la obra. El *Daizenshū 7* denomina a esto *uchū kō yōgo* (宇宙公用語, "lengua oficial universal"). Probablemente, Toriyama lo ideó así por comodidad. Siempre quería hacerlo fácil, así que si hubiera tenido que crear una nueva lengua por cada especie (algo que tendría mucha lógica), no lo habría hecho. Por supuesto, a Toriyama le encantan los aliens, así que debería existir un lenguaje extraterrestre en alguna parte. Pero dejando a un lado ese tema, estamos ante un lenguaje universal que se extiende por todo el cosmos.

Al igual que tenemos el título de la obra en inglés, hay más ejemplos del uso del inglés en el *manga*, como en la ropa, los carteles, los nombres de los edificios y algunos lugares. Toriyama creó su obra entre los años 80 y 90, cuando quedaba muy guay utilizar el inglés en las ilustraciones, así que daba igual el idioma al que se tradujera la serie, el inglés estaría presente.

A pesar de las diferencias físicas, todas las razas conviven unas con otras, sin atisbos de conflictos raciales. Los animales humanoides son tratados igual que los humanos, a pesar de haber nacido como un tigre, un oso o un conejo. Todo el mundo lleva ropa, conduce un coche y va a trabajar por la mañana. De esta manera, Toriyama presenta un mundo iluminado por el multiculturalismo, con diferentes razas y especies integradas.

Dinosaurios

Los humanos y los dinosaurios transitan juntos el planeta Tierra, desde el tiranosaurio rex hasta el brontosaurio, el pterodáctilo y el triceratops. Según la guías de *Dragon Ball*, hace 65 millones de años los dinosaurios "se negaron a desaparecer" en la Tierra. De este modo, es común ver un dinosaurio en el horizonte del escenario o a un dientes de sable acechando en la jungla.

Creo que Toriyama creó este mundo de dinosaurios y hombres viviendo juntos por las influencias cinematográficas.

La razón de todo esto comenzó con Ray Harryhausen (29 de junio de 1920 – 7 de mayo de 2013), un creador americano de efectos visuales, escritor y productor que creó muchos monstruos y películas clásicas. Cuando Ray era un niño, vio la película de *King Kong* (1933) y el uso de la animación a cámara lenta le inspiró, diseñando monstruos y haciendo animación durante toda su vida. Ray se obsesionó con *King Kong* de la misma manera que Toriyama se obsesionó con *Operación Dragón*, película de Bruce Lee. Creó *Mi gran amigo Joe* (1949), *Simbad y la princesa* (1958), *La isla misteriosa* (1961), *Jasón y los argonautas* (1963), *Hace un millón de años* (1966), *El valle de Gwangi* (1969) y *Furia de titanes* (1981), entre otras películas. Sus innovaciones y logros dieron vida a la fantasía en la gran pantalla, con hombres luchando contra simios gigantes, monstruos cangrejo, dinosaurios, felinos dientes de sable y alienígenas en platillos volantes: exacto, elementos que aparecen en *Dragon Ball*.

Muchas de sus películas establecieron el concepto del "mundo perdido" en la ciencia ficción o fantasía, un reino al que llegan a parar los humanos y que pertenece a otra dimensión o un tiempo remoto. El ejemplo más notorio es la novela de Sir Arthur Conan Doyle (22 de mayo de 1859

– 7 de julio de 1930) *El mundo perdido* (1912; convertida en película en 1925), donde unos periodistas viajaron al Amazonas y descubrieron que estaba lleno de dinosaurios y hombres mono salvajes. Otra obra fue *La tierra olvidada por el tiempo* (1918), por Edgar Rice Burroughs (1 de septiembre de 1875 – 19 de marzo de 1950), autor de *Tarzán de los monos* (1914), con quien Gokū comparte algunas cualidades. Estas novelas y sus adaptaciones cinematográficas inspiraron a generaciones de niños a creer en el misterio y la aventura.

Cuando Tezuka Osamu, el ídolo de la infancia de Toriyama, decidió crear un nuevo *manga* en 1948, siguió su camino y creó *Rosuto wārudo <Zenseiki>* (ロスト・ワールド <前世紀>, "*Lost World <último siglo>*"). Fueron 2 tomos *manga* que adaptaron la historia de Doyle, donde los científicos y los detectives viajaron a un planeta lleno de dinosaurios. Igualmente, cuando *King Kong* se convirtió en un éxito en Japón, los cineastas se inspiraron en la cinta para crear sus propias películas de monstruos gigantes, dando a luz al género *kaijū* con el estreno de *Gojira* (1954).

De este modo, estas novelas que siguieron la senda del "mundo perdido" desembocaron en *King Kong*, para llegar más tarde a las películas de Ray Harryhausen. Estas, a su vez, inspiraron a Tezuka y el género *kaijū*, campos que atrajeron la lectura de Toriyama.

En lo que respecta a *Hace un millón de años*, Toriyama dijo en su entrevista para *Sutārogu* que disfrutó del estilo de animación en cámara lenta de los dinosaurios. Probablemente por ello los dinosaurios de aquella película también aparecen en *Dragon Ball*.

Las influencias del cine en la mente de Toriyama no solo dieron forma a sus personajes, sino también al mundo vivo y animado al que llaman hogar. Estas inclusiones típicas de un "mundo perdido" enriquecieron su propio universo. También es fascinante que esto coincidiera con historias alternativas de aquellos teóricos que creían que los dinosaurios y los humanos coexistieron. Es como si la historia de *Dragon Ball* tuviera lugar en una Tierra cuyo período histórico coincidiera con la convivencia de ambas especies, o en una civilización prehistórica anterior a la extinción de los dinosaurios. ¿Acaso Toriyama cree en tales teorías? No lo sé, pero puedo asegurar que todos estos elementos hacen de su mundo algo emocionante. ¡Imagina que hubiera un dinosaurio, justo ahora, al otro lado de tu ventana!

Línea temporal

Después de la formación de la civilización, se creó una línea temporal para aportar un sistema de calendario cronológico. En este sistema, a los años se les llama Ēji (エージ, "edad"). Toriyama utilizó sus modernos préstamos lingüísticos del inglés, en lugar del término japonés tradicional *jidai* (時代, "período").

Por ejemplo, Gokū nació en el Ēji 737, y el capítulo 1 de *Dragon Ball* tuvo lugar en el Ēji 749. La mayoría de los sucesos de *Dragon Ball* ocurrieron en el Ēji 700, antes o durante la vida de Gokū.

El origen del sistema Ēji nunca ha sido explicado. La única vez que un Ēji fue mencionado en el *manga* fue con el capítulo 358[6] de *Dragon Ball*, cuando Torankusu (トランクス, "Trunks") inspeccionó la máquina del tiempo de Seru (セル, "Cell") y afirmó que procedía del "Ēji 788". Este es el pilar sobre el que se sustentan el resto de eventos de las líneas temporales oficiales. Antes de este momento, la serie carecía de "tiempo y espacio".

---

6   El capítulo 358 de *Dragon Ball* se tituló *Jāku na Yokan* (邪悪な予感, "Un mal presentimiento") y se estrenó en la *Weekly Shōnen Jump* #8 el 28 de enero de 1992.

Con el progreso de la serie, el *manga* canónico menciona sucesos que ocurrieron cientos de años antes del comienzo de la historia. Pero en videojuegos, guías y otros documentos, podemos apreciar que se remontan hasta 100 millones de años antes del establecimiento del sistema Ēji, el Ēji 1. Este período es conocido como *kigenzen* (紀元前, "antes de la edad").7 Así las cosas, para la era actual de la línea temporal se utiliza el Ēji, un término extranjero y moderno, y para la época anterior, un término *kigenzen* japonés tradicional.

Gobierno

El mundo está dividido en 43 *chiku* (地区, "distritos"), unidos bajo un gobierno central liderado por un rey Koku-ō (国王, "rey de la nación"). Es un perro parlante que vive en Kingu Kyassuru (キング キャッスル, "Castillo del Rey") en la capital Chū-*no-miyako* (中の都, "Ciudad Central").

Antes de la unificación, entre el Ēji 550 y el Ēji 650, los 43 *chiku* eran 43 países distintos. Toriyama eligió 43 *chiku*, probablemente, inspirándose en los 43 *ken* (県, "prefecturas") del antiguo Japón.[8]

---

7   *Kigenzen* es una palabra japonesa que se puede traducir como A.C., pero el término no se refiere inherentemente a Cristo, y se usa para diferentes cosas aparte del calendario occidental. Del mismo modo, el Ēji a veces se romaniza incorrectamente por los fans como "D.C.", cometiendo el error de creer que la línea temporal se divide en A.C. y D.C. El Ēji y *Kigenzen* son términos seculares.

8   En el capítulo de "Akira Toriyama" dije que Japón tenía 47 *ken* (県, "prefecturas"), esto es, las divisiones regionales del país. Aquí digo que son 43, y es porque hay solo 43 *ken* propiamente dichos, con 4 regiones adicionales. Así encontramos la región *to* (都, "metrópolis") de Tōkyō, la zona *dō* (道, "circuito") de Hokkaidō (北海道, "circuito

No sabemos cómo se unificó el mundo, pero Koku-ō es un gobernador pacífico que ha estado al mando durante más de 20 legislaturas, al menos en la época en la que se publicó el episodio 113 de *Dragon Ball*. En aquel capítulo dijo: "Siempre y cuando me quede aliento, trabajaré bajo los principios de la verdad, la justicia y la armonía de todos los seres vivos".

Hay un gobierno mundial liderado por un rey, pero también hay reyes menores y alcaldes en pueblos y ciudades. Esto quiere decir que podríamos estar ante una monarquía democrática, a menos que el rey los designe. Además, el rey tiene que pasar unas elecciones, por lo que no es una dictadura. También hay una gran variedad de profesiones y modas, así que no parece ser una hegemonía comunista. Poco se sabe de la estructura social.

Al igual que el sistema feudal de la dinastía china, hay varias capitales por todo el mundo donde el poder está organizado. Estas incluyen Kita-*no-miyako* (北の都, "Ciudad del Norte"), Azumano-*miyako* (東の都, "Ciudad del Este") y Nishi-*no-miyako* (西の都, "Ciudad del Oeste"), que son similares al concepto que encontramos en China con Běijīng (北京, "Capital del Norte"), Nánjīng (南京, "Capital del Sur") y Xī'ān (西安, "Paz del Oeste"). Los ciudadanos tienden a congregarse en estas grandes ciudades, sin asentamientos en la periferia o los pueblos.

---

marítimo del norte") y las dos *fu* (府, "prefecturas urbanas") de Ōsaka-*fu* (大阪府, "prefectura urbana de la gran ladera") y Kyōto-*fu* (京都府, "prefectura urbana de la ciudad capital"). Todas juntas forman lo que se conoce como to-*dō-fu-ken* (都道府県), pero la diferencia entre ellas es arbitraria, así que a menudo se hace referencia a los 47 *ken*. No obstante, los 43 *ken* fueron designados en 1868, al final de la era feudal nipona, y los 4 adicionales se declararon en 1871, durante el comienzo de la era moderna, así que sospecho que Toriyama utiliza los 43 *chiku* (地区, "distritos") para otorgarle al *Dragon World* una esencia más tradicional y conectarlo con los 43 *ken* originales.

Fuera de los centros urbanos, hay grandes zonas áridas que suelen reflejar los páramos o las regiones montañosas de nuestro mundo. Gokū tiende a luchar contra sus rivales en estos entornos para asegurarse de que los civiles no son heridos. Por supuesto, hay una razón menos profunda que Toriyama reveló en el *Daizenshū 4*: "Después de todo, sería duro que Gokū y los demás lucharan en medio de la ciudad. Tendría que dibujar a los ciudadanos y los edificios serían destruidos. Por esta razón, cuando están a punto de luchar, Gokū y los demás se desplazan a lugares salvajes donde no vive nadie (risas). Utilizan el *bukū-jutsu* para salir volando, como si lo tuvieran planeado de antemano".[9]

La compañía tecnológica más rica y grande del mundo es Kapuseru Kōporēshon (カプセルコーポレーション, "Corporación Cápsula"). Tiene su cuartel general en Nishi-*no-miyako*. Esta "Ciudad del Oeste" está llena de tecnología occidental y ciencia, mientras que la zona oriental en la que vivía Gokū reflejaba la cultura de Oriente. De hecho, su morada era una cabaña ermitaña y nunca había visto un atisbo de tecnología.

Moneda

El gobierno centralizado del *Dragon World* utiliza una moneda llamada *zenī* (ゼニー, con el símbolo de la Ƶ).

Parece un término inventado, pero la historia del zenī comenzó en la dinastía Táng china. En aquel entonces, la palabra era *qián* (錢, "dinero" o "moneda"). La grafía era un compuesto del término "dinero" (金) y "utensilios agrícolas" (戔), pues en aquella época agraria tenías que

---

9   *Bukū-jutsu* (舞空術, "técnica danzante de la nube") es la primera técnica de vuelo utilizada en *Dragon Ball*.

trabajar en la granja para ganar dinero. Las monedas *qián* se hacían de cobre o hierro, y se presentaban como una pequeña piezas de plata o barras doradas para el comercio diario. Tenían forma circular, con agujeros cuadrados en el centro, para que se pudieran hilar con cuerdas. Su forma circular ocasionó que les pusieran otro nombre, el *yuán* (元, "círculos" o "redondos"). Eran tan manejables que se convirtieron en la moneda común de China durante más de 1.000 años.

Fue entonces cuando el *qián* se exportó a Japón durante el Edo-*jidai* (江戸時代, "era de la puerta curvada", 1603 – 1868). En aquella época se llamó *zeni* (銭), escrito con una grafía más moderna de la palabra "dinero" (戋), que adquirió el significado de "gasto en metálico". El apodo para el *yuán* (元) seguía activo y los japoneses lo adaptaron como *gen* (元).

En 1871, el gobierno Meiji decidió reformar su sistema para modernizarlo. Durante el proceso establecieron el *yen* (円, "círculo", con el símbolo ¥). Era una forma moderna y simplificada del antiguo *yen* (圓, "círculo"). Al igual que el apodo del *gen*, significaba "círculo", pero tenía un valor mayor y se percibía como algo más moderno, y por ende, mejor. Sin embargo, los *zeni* son tan comunes que todavía son utilizados, incluso ahora son conocidos como *seni* o *sen*. Dado que valen tan poco, suelen llevar el significado de "cambio flojo", pues 100 *zenis* equivalen a un solo *yen* (¥), similar a lo que equivale un centavo norteamericano a un dólar. Sin embargo, durante la Segunda Guerra Mundial, el *zeni* (o *seni*) se devaluó tanto que se retiraron de la circulación en 1953.

¿Por qué Toriyama llamó a la moneda del *Dragon World* *zeni* en lugar del *yen*? Porque aunque los *zeni* dejaron de utilizarse, la gente no dejó de usar el término. Se quedó como una expresión coloquial para denominar al dinero, tanto para las generaciones más antiguas como para la gente del campo. Supongo que Toriyama, al haber crecido en el campo, escuchaba ese término o él mismo lo utilizaba. Entonces, cuando tuvo que inventarse una moneda para el *Dragon World*, pensó en su infancia y se acordó del *zeni*. Utilizando el *zeni*, creó una moneda que le era familiar al lector japonés aunque no se tratara del *yen* moderno. Esto le permitió mantener la esencia fantástica de la historia y la familiaridad con la misma.

Cuando escribió la obra, en lugar de usar el antiguo *kanji* para el *zeni* (銭), pues no lo iban a comprender los lectores de los 80, modernizó el término en *katakana* y usó *zenī* (ゼニー) con una "i" larga. Así, el *zenī* tenía una esencia diferente y extranjera, pero no dejaba de ser japonés. Una fuente perfecta de dinero para su *Dragon World*. Qué curioso que, ya fuera de manera intencionada o no, Toriyama utilizara un término antiguo para la moneda que se originó con la dinastía Táng, encontrándolo también en la historia del monje Táng.

¿Cuánto vale un *zenī*? En la *Super Exciting Guide: Character Volume* (2009), Toriyama dijo que para hacerlo fácil de comprender, equivaldría a lo mismo que el yen. Para ponernos en contexto, el campeón del torneo de artes marciales más grande de la Tierra, el Tenkaichi Budōkai, gana 500.000 *zenī* (unos 3.600€).

El éxito de *Dragon Ball* ocasionó que el *zenī* se utilizara en otras formas de la cultura popular. Los videojuegos de finales de los 80 y principios de los 90 tendían a usar el oro como su propia moneda, pero algunos juegos se pasaron al *zenī*, incluyéndose los desarrollados por Kabushiki-gaisha Kapukon (株式会社カプコン, "Capcom", fundado en 1983) como *Sutorīto Faitā* (ストリートファイター, *"Street Fighter"*, 1987), *Rokkuman* (ロックマン, *"Rockman"*, también conocido como *"Mega Man"*, 1987) y *Buresu obu Faia* (ブレスオブファイア, *"Breath of Fire"*, 1993). Los más de 100 juegos de *Dragon Ball* también utilizan el *zenī* como la moneda oficial.

Fusión

Toriyama fusiona estos factores para crear un mundo exuberante de extremos, de estereotipos extraídos de nuestro propio mundo cultural, entrelazándose todos los elementos y haciéndolos más accesibles. Ya sean pueblos colonizados por Occidente, con cierta esencia "cowboy", llenos de tabernas y trenes a vapor inspirados en las películas del oeste americano, o un pueblo chino pintoresco, rodeado de bambú, como si estuviera sacado de una película de Jackie Chan, el mundo cobra vida de manera tan mágica que cuesta creerlo.

Por no hablar de los robots súper inteligentes, las criaturas de cuentos de hadas, los monstruos, los mundos alienígenas y las esferas mágicas capaces de conceder deseos, orbes anhelados por poderosos y hambrientos demonios. Con todo este mundo, ya tenemos ante nuestros ojos un escenario maravilloso para nuestra aventura.

Este es el encanto del *Dragon World*.

Operación Dragon World

El *Dragon World* es un lugar que se disfruta mejor de primera mano.

Así que sin más dilación, comencemos la aventura de Goku y descubramos el espíritu de *Dragon Ball* por nosotros mismos.

Conclusión

Acabas de descubrir el origen de *Dragon Ball* y te has metido, paso a paso, en la mente de su creador, Akira Toriyama.

Si estás familiarizado con la historia de Gokū, seguro que ciertos elementos ya van encajando en un gran cuadro que se despliega ante de tus ojos. Estás empezando a ver que *Dragon Ball* es un producto de su entorno, como el propio Akira Toriyama. Es una fusión creativa de historia, idioma, espiritualidad e ilustraciones simbólicas que confluyen en lo que los fans de todo el mundo describen como el *manga shōnen* perfecto.

Ahora llegó la hora de embarcarse en un viaje a tiempos remotos y futuros científicos. Llegó el momento de adentrarnos en el reino donde la hechicería y la tecnología se mezclan con los dioses, demonios y artistas marciales, seres que luchan por la oportunidad de invocar a un dragón otorgador de deseos. Entrarás en un mundo en el que puede ocurrir cualquier cosa, y la historia de un pequeño joven cambiará la vida de todos aquellos a los que conozca.

$$***$$

Una joven se hizo con una bola naranja y brillante, y dijo: "Encontré esta bola en el desván de mi casa. ¡Me preguntaba qué era, así que investigué y descubrí que son impresionantes!"

Goku le preguntó: "¿Qué es eso que las hace tan impresionantes?"

Y ella contestó: "¿Quieres que te lo diga?"

Siguentes Pasos

¿Quieres saber qué pasará después?

Entonces espera al lanzamiento de *Dragon Ball Cultura Volumen 2: ¡Aventura!*

Gracias por leer mi libro. Tengo muchos más libros planeados para la serie *The Dao of Dragon Ball*, pero para escribirlos necesito tu ayuda.

Puntúa este libro

Por favor, puntúa este libro online.

Tu reseña positiva me ayudará a continuar escribiendo.

Comparte este libro

Por favor, comparte este libro con tus amigos y hazles saber que lo disfrutaste.

Escribí este libro para los fans de *Dragon Ball* de todo el mundo, pero como lo autopublico, no preciso de los medios para venderlo a gran escala, así que cuéntaselo a tus amigos.

Escribe al autor

Si tienes preguntas o comentarios sobre este libro, no dudes en contactar con Derek aquí:

https://thedaoofdragonball.com/

Sobre el autor

Derek Padula es el autor de *The Dao of Dragon Ball*, el primer libro y página web en revelar la profunda historia, filosofía y raíces culturales del manganime número #1 del mundo.

La primera vez que Derek vió el anime de *Dragon Ball* fue en 1997. Su amor por la serie le inspiró para iniciarse en el entrenamiento de las artes marciales, destacando el Shàolín *gōngfu*, el *tàijí-quán*, el *qìgōng*, el *karate* y la meditación Fǎlún Dàfǎ. Derek consiguió su graduado en East Asian Studies y otro secundario de chino en Western Michigan University. Estudió en el extranjero en Běijīng (China), donde entrenó con los monjes budistas Shàolín y un maestro espadachín *tàijí-daoísta*.

Después de regresar a casa, se convirtió en una autoridad sobre *Dragon Ball*.

Índice

C

D

P

R

S

CPSIA information can be obtained
at www.ICGtesting.com
Printed in the USA
FSHW021254181218
54554FS